힘을 다하여
주님께 봉사하라

KB190293

이 소중한 책을

특별히 _____님께

드립니다.

김장환 목사와 함께
주제별 설교 · 성경공부 · 예화 자료

· · ·

힘을 다하여
주님께 봉사하라

나침반

목차

서문

미국의 어느 교회에 새 목사님이 부임하였습니다.

그는 곧 성도들이 교회나 복음에 대해 극히 무관심하고 냉정하다는 사실을 간파하였습니다. 수차례 권고와 방문을 받고도 몇몇 사람들의 의무적인 출석 외에 주님과 교회에 대한 사랑이 결핍되어 있었습니다.

교회를 위해 간절한 기도를 드릴 때에, 하나님께서는 그에게 한 가지의 지혜를 주셨습니다. 그는 지방 신문에 "다음 주일 오후 교회의 장례식이 거행됩니다"라는 광고를 냈습니다. 이 신기한 광고를 본 교인들이 교회로 몰려들었습니다. 순서가 진행되고 마지막 차례로 교인들에게 "한 사람씩 나와서 고인에게 경의를 표하세요"라고 말했습니다.

교인들은 호기심으로 뛰는 가슴을 누르며 앞쪽에 놓인 관 옆으로 지나갔습니다. 그런데 관 옆을 지나는 모든 이들의 표정이 하나같이 숙연하고 심각하게 굳어졌습니다. 더 이상은 호기심 어린 눈길도, 설렘도 없었습니다. 모두들 엄숙하게 관 옆을 지나쳐 갔습니다.

왜 그랬을까요?

그 관 속에는 거울이 하나 놓여 있었습니다. 지나가던 이들은 모두 다 그 관 속에서 자기 자신을 보았고 자신이 죽었으므로 교회가 죽은 것을 깨달은 것이었습니다. 생명 있는 교회가 되기 위해서는 생명 있는 그리스도인들이 모여 열심히 섬기고 봉사해야 하는 것입니다.

그렇다면 지금도 우리의 작은 봉사를 원하시는 주님께 대한 우리의 봉사와 사랑은 어떠한지… 곰곰이 생각해 봅시다.

이 책은 그동안 출판된 책과는 다르게 다음과 같이 크게 세 부분으로 구성되어 있습니다.

첫째, 교회와 봉사에 대한 설교의 중심 내용을 요약 정리하여 사용하기에 편리하도록 편집하였고,
둘째, 한국 교회 성장에 크게 기여했던 구역 모임이나 그룹 성경공부에 적절하게 사용할 수 있도록 교회와 봉사에 맞는 성경공부 교재를 만들어 넣었으며,
셋째, 설교나 여러 모임에서 적절하게 활용하면 좋을 교회와 봉사에 필요한 예화를 수록하였습니다.

세상에서 주님을 간절히 증거할 진정한 그리스도인이 그 어느 때보다 필요한 오늘날입니다. 이 한 권의 책으로 변화된 성도들이 복음의 전달자로 바로 서며 한 번 더 뜨거운 부흥이 온 땅을 뒤덮게 되기를 소망합니다.

교회와 봉사에 대한 명언들

● 교회의 중요한 임무는 예수께서 이루고자 원하시는 것을 이루는 것이다. 다른 말로 하자면, 예수께서 이 지상에서 하시던 그 일을 계승하는 것이 교회의 임무이다. – N.C. 하너

● 교회는 하나님께서 자신을 계시(啓示) 하시는 단체이다. 고로 교회를 사랑함은 하나님을 사랑함과는 다르나, 하나님의 이름을 사랑하는 것임에는 틀림이 없다. – 박윤선

● 마귀는 사람들이 교회에 소속하고 모이는 것을 가장 싫어한다. – 도미나가 도꾸마

● 교회가 성장하기를 원하는 교회라야 성장한다. – 맥가브란

● 교회는 모든 믿는 자에게 공통되는 어머니여서 하나님의 자녀를 낳고, 먹이고, 기르는 것이다. 왕이나 농노는 다를 것이 없다. 그리고 이 일은 성직자에 의하여 실행되는 것이다. – 칼빈

● 강단은 하나님의 복음을 전파하는 곳이요 양을 먹이는 곳이다. – 한경직

● 교회는 겸손을 가르침과 아울러 스스로 겸손을 배우지 않으면 안 된다. – 쇼우젠트존

● 순교자의 피는 교회의 씨이다. 다시 말해서 교회는 피를 흘림이 없이 존재할 수 없다. – 루터

● 정치의 보호를 받는 교회는 위태하고 종종 마비 상태에 빠진다. – 모건

● 여러분은 한 번 더 성경을 잘 읽어 보시기 바란다. 교회는 그리스도께서 중요시한 기관으로서, 신약성경 전체에 있어서 교회에 대해 직접 논급(論及) 하신 곳만 해도 실로 109개소(個所)나 될 만큼 많이 있는 것이다. 성경적이라 성경적이라 하고, 성경을 신앙의 근거로 한다면서 교회를 무용시 함은 큰 모순으로 이것만큼 비성경적인 것은 없다 할 것이다. – 스즈끼 덴스케

● 설교는 언제나 교회 생활의 중심이어야 한다. – 후등

● 교회란 히브리어로 '에다'라고 하는데 이는 지정된 시간에 지정된 장소에서 함께 만난다는 의미가 있다. – 작자 미상

● 설교를 등한시한 교회는 확장하지 못한다. 그러나 설교에 열의를 나타낸 교회는 부흥한다. – 민봉수

● 교회와 주일학교에 다니는 일은 우리 가정의 고정적인 행사였다. – 페니

● 교회는 하나님께서 주관하시고 그리스도께서 다스리시는 곳에서만 찾아볼 수 있다. – 작자 미상

● 교회가 성장하려면 입구를 활짝 열고 출구를 꽉 닫아야 한다. – 작자 미상

● 교회에 가는 사람마다 모두가 성자는 아니다. – 작자 미상

1

서론

그리스도인이 참된 신앙생활을 하기 위해서는 하나님께서 세우시고 그리스도께서 피를 흘리셔서 이루신 교회를 통하여 하나님께 예배를 드리고 서로 교제하는 생활이 필요하다. 비록 오늘날 교회를 비판하는 사람이 많다 할지라도 교회를 대적할 사람은 아무도 없으며 그리스도인이 교회를 떠나서는 정상적인 믿음의 생활을 할 수 없다. 많은 핍박과 시련이 교회를 위협한다 할지라도 교회는 영원토록 존속될 것인데 이는 교회가 하나님의 기관이며 음부의 권세라도 교회를 이기지 못하리라고 예수님께서 말씀하셨기 때문이다 (마 16:18).

1. 교회의 의미

사람들은 흔히 교회를 말할 때 교인들이 모여서 예배드리는 예배당을 생각한다. 그러나 교회를 뜻하는 헬라어의 '에클레시아(Ekklesia)'는 '~으로부터 불러내다'라는 뜻으로 '모인 무리'(행 19:32), '민회'(행 19:39), '모임'(행 19:41)이라고 번역되어 사용되었다.

즉 헬라 사람들은 이 말을 자유 시민들이 공적인 일을 의논하기 위하여 가정이나 일터에서 불러내어 모이는 '모임'이라는 뜻으로 사용하였다.

구약성경에서는 광야 시대에 성막 앞에 모인 이스라엘의 회중을 '에클레시아'라고 표현하였고 스데반이 그 일을 말할 때 '광야 교회'(행 7:38)라고 이야기하였다. 그런데 신약성경에서 이 말은 단순히 '모임'이라는 의미가 아니라 거기에 영적인 의미가 덧붙여져 '하나님께 속한 사람들의 모임'이라는 뜻으로 사용되었다.

다시 말해 교회란, 예수 그리스도의 보혈로 말미암아 죄악에서 불러냄을 받아 하나님께 속한 사람들의 집단이나 공동체를 의미한다.

그러므로 교회란 사람(예수 그리스도의 보혈로 거듭난 사람)을 의미하지 건물을 의미하는 것이 아니며, 공동체를 의미하지 한 개인을 의미하지는 않는다.

2. 교회의 기원

구약 시대에는 교회가 존재하지 않았으며 교회는 하나님의 경륜에 따라 신약 시대에 비로소 시작되었다. 바울은 교회에 관해 설명하기를 "이제 그의 거룩한 사도들과 선지자들에게 성령으로 나타내신 것 같이 다른 세대에서는 사람의 아들들에게 알게 하지 아니하셨다"(엡 3:5)라고 설명하였고 교회는 "영원부터 만물을 창조하신 하나님 속에 감취었던 비밀의 경륜"(골 1:26)이라고 말하였다.

이처럼 교회는 구약 시대에 비밀이었다가 사도들과 선지자들을 통하여 비로소 드러난 진리이다. 예수님께서도 "내가 이 반석 위에 내 교회를 세우리니"(마 16:18)라고 말씀하심으로 교회가 그 당시 미래의 사실임을 보여 주었다.

우리는 교회가 오순절날 성령의 강림을 통해 시작되었다고 믿는다(행 2:1-47). 성령의 강림으로 말미암아 모든 그리스도인 안에 성령이 거하게 되었으며 그로 인하여 모든 그리스도인이 성령의 전이되어 교회를 형성하게 되었다.

구약 시대에 하나님께서는 이스라엘 백성을 통하여 역사하셨지만 이제 하나님은 교회를 통하여 역사하신다.

3. 교회의 기초

신약 성경에 교회라는 말은 예수님에 의하여 처음 사용되었다.

"또 내가 네게 이르노니 너는 베드로라 내가 이 반석 위에 내 교회를 세우리니 음부의 권세가 이기지 못하리라"

– 마태복음 16장 18절

예수님께서는 여기에서 "이 반석 위에 내 교회를 세우겠다"라고 말씀하셨다. 로마 교회에서는 여기에서 말하는 반석을 베드로라고 생각하여 베드로가 로마 교회의 창설자이며, 처음 교황이며, 특별한 은총의 전달자라고 믿고 있다. 그러나 복음적인 그리스도인들은 이런 주장을 인정하지 않고 예수 그리스도에 대한 고백을 여기서 말하는 반석으로 믿으며 교회의 기초를 믿고 있다.

사도 바울은 고린도전서 3장 11절에서 "이 닦아 둔것 외에 능히 다른 터를 닦아 둘 자가 없으니 이 터는 곧 예수 그리스도라"라고 말함으로 교회의 기초가 예수 그리스도임을 인정하였다.

또한 베드로는 "사람에게는 버린 바가 되었으나 하나님께는 택하심을 입은 보배로운 산 돌이신 예수에게 나아와 너희도 산 돌 같이 신령한 집으로 세워지고 예수 그리스도로 말미암아 하나님이 기쁘게 받으실 신령한 제사를 드릴 거룩한 제사장이 될찌니라"(벧전 2:4,5)라고 말하여 예수 그리스도를 기초로 하여 교회가 형성된다고 설명하였다.

4. 교회의 7대 진리

(1) 교회는 한 몸이다(엡 4:4).

교회를 형성하고 있는 모든 그리스도인은 성령님의 역사를 통하여 한 몸으로 이어져 가고 있다.

(2) 그리스도께서 몸의 머리되신다(엡 5:23 / 골 1:18).

(3) 모든 그리스도인은 그 몸의 지체들이다(고전 12:12-26).

① 몸에는 많은 지체가 있다(고전 12:12-14).

② 모든 지체는 저마다 독특한 기능을 가지고 있다(고전 12:15-19).

③ 모든 지체가 서로 협력하여 일할 때 몸은 정상적으로 활동하게 된다(고전 12:21-23).

④ 모든 지체는 서로서로 필요하기 때문에 시기한다거나 불만이 있을 수 없고 교만하거나 독선적이어서는 안 된다(고전 12:15-17).

⑤ 모든 성도는 한 몸의 지체이기 때문에 서로 보살피고 동정하여 상호간 즐거움을 주어야 한다(고전 12:23-26).

(4) 성령님은 교회 내에서 그리스도를 대신하시고 대표하신다(요 14:16-26).

① 그리스도인들을 예배하도록 인도하신다(엡 2:18).

② 기도하도록 감화 감동하신다(롬 8:26-27).

③ 전도하도록 힘을 주신다(살전 1:5).

④ 교회의 일을 결정하는데 도와주신다(행 13:2 / 행 16:6-7).

⑤ 교회를 위하여 감독자를 세우신다(행 20:28).

⑥ 은사를 주신다(엡 4:11).

⑦ 모든 성도를 진리 가운데로 인도하신다(요 16:13).

(5) 하나님의 교회는 거룩하다(고전 3:17).

(6) 성령님께서 교회를 위하여 은사를 주신다(고전 12장 / 엡 4장 / 롬 12장).

(7) 모든 성도는 하나님의 제사장이다(벧전 2:6-9).

5. 교회의 상징

신약 성경에는 교회의 성질과 기능을 설명하기 위하여 상징적으로 교회를 표현한 곳이 몇 군데 있다. 우리는 교회에 대한 상징적 표현을 통하여 교회의 의미를 보다 자세히 이해할 수 있다.

(1) 하나님의 성전(고전 3:16)

교회는 하나님의 성전으로 표현되었다. 그리스도는 이 성전의 기초이고 교인들은 성전의 각 부분이 된다. 여기에서 우리는 몇 가지 교훈을 배울 수 있다.

① 교회는 하나님의 소유이다(고전 3:17).
② 교회는 하나님의 성령이 거하시는 장소이다.
③ 교회는 그리스도를 믿는 성도로 구성된다.
④ 모든 그리스도인들은 하나님의 성전의 제사장이다(벧전 2:5).

(2) 그리스도의 몸(엡 1:23)

교회는 또한 그리스도의 몸으로 표현되었다. 그리스도의 몸으로서 교회에 대한 상징은 그 머리에 대한 몸의 유기적인 통일, 서로에 대한 지체들의 유기적인 관계, 그리고 그들의 다양한 기능 안에 있는 몸의 모든 부분들은 몸 전체의 건강에 꼭 필요하다는 사실을 강조한다.

여기에서 우리는 몇 가지 교훈을 배울 수 있다.

● 교회에 대한 그리스도의 절대적 권위
● 모든 성도의 활동의 중요성
● 교회의 다양성과 통일성
　즉, 교회는 여러 지체가 있으나 한 몸이다.
● 교회의 가장 중요한 활동은 그리스도를 나타내는 일이다.

(3) 그리스도의 신부(엡 5:26 / 고후 11:2)

교회는 그리스도의 신부로 상징되기도 하였다. 여기에서 강조하는 것은 교회의 정결함과 영광스러움이다.

(4) 교제

교회의 성질을 묘사하는데 신약 성경에서 흔히 사용된 용어 가운데 하나는 '교제'라는 말이다.

교회는 바로 하나님 아버지와 성령과 그리스도와 더불어 교제하고 성도간에 교제하는 장소이다.

6. 교회의 유형

교회는 크게 두 가지 유형으로 나눌 수 있다.

(1) 우주적 교회(무형 교회, 불가시적 교회)

이는 과거에 거듭난 성도와 현재 주님을 믿고 있는 성도, 그리고 앞으로 거듭날 모든 성도를 의미한다.

우주적 교회는 어떤 형태가 없기 때문에 무형 교회라고 표현하기도 하고 눈으로 볼 수 없기 때문에 불가시적 교회라고 표현하기도 한다. 주님을 믿고 거듭난 모든 사람들이 우주적 교회를 형성한다.

(2) 지역 교회(유형 교회, 가시적 교회)

이는 믿는 사람들의 지역적인 모임으로 우주적 교회의 일부분이며 축소판이다. 지역 교회는 어떤 형태를 지니고 있기 때문에 유형 교회라고 표현하기도 하고 눈으로 볼 수 있기 때문에 가시적 교회라고 표현하기도 하였다.

우주적 교회와 지역 교회를 비교하면 몇 가지 차이점을 발견할 수 있다.

- 첫째, 우주적 교회는 지역을 초월하지만 지역 교회는 믿는 사람들의 지역적인 모임으로 지역의 제한을 받는다. 그러므로 신약 성경을 보면 지역에 따라 에베소 교회, 고린도 교회, 갈라디아 교회 등이 존재한 것을 찾아볼 수 있다.

- 둘째, 우주적 교회는 시간을 초월하지만 지역 교회는 시간의 제한을 받는다. 그러므로 우주적 교회는 영원히 존재하지만 지역 교회는 시간에 따라 사라질 수도 있고 또 새로 형성될 수도 있다. 우리가 신약 성경에 기록된 교회들을 오늘날 찾아볼 수 없는 이유가 바로 그것 때문이다.

- 셋째, 우주적 교회는 참 성도로 구성된 완전한 교회이

지만, 지역 교회는 믿지 않는 사람이 있을 수도 있는 불완전한 교회이다. 참으로 거듭나지 않는 사람은 우주적 교회의 구성원이 될 수 없다. 그러나 지역 교회에는 믿지 않는 사람이 있을 수도 있고 심지어 사단의 도구가 있을 수도 있다. 그러므로 지역 교회에 분쟁과 다툼이 발생하기도 하며 오류가 있을 수 있다. 지역 교회가 늘 기도하고 깨어 있어야 하는 이유가 바로 그것 때문이다.

지역 교회가 완전하기를 기대하면 실망하고 실족하기 쉽다. 그러므로 모든 교인은 지역 교회의 특성을 잘 파악하여 완전한 모임이 될 수 있도록 서로 돕고 이해해야 한다.

7. 지역 교회의 중요성

어떤 사람들은 지역 교회가 완전하지 않다는 이유 때문에 지역 교회를 중요하게 생각하지 않고, 심지어 무교회주의를 강조하는 사람도 있다. 그러나 우리는 성경을 통하여 지역 교회의 중요성을 발견할 수 있다.

(1) 성경이 지역 교회의 중요성을 가르치고 있다.

성경에 기록된 교회라는 용어 가운데 우주적 교회라는 의미보다 지역 교회라는 의미로 사용된 경우가 4배 이상 많다. 성경은 지역 교회의 중요성을 강조하고 있다.

(2) 지역 교회는 지상에서의 하나님의 사역의 중심지이다.

비록 지역 교회가 불완전하고 교회 밖의 많은 기관들이 하나님의 사역을 감당하고 있는 것이 사실이지만 그럼에도 하나님께서는 아직도 지역 교회를 통하여 그분의 사역을 이끌어 가신다.

초대 교회가 이방 선교를 위하여 바울과 바나바를 파송할 때에도 안디옥 교회라는 지역 교회를 통하여 그 일을 수행하였다(행 13장). 위대했던 사도 바울도 독자적으로 하나님의 사역을 이루어 간 것이 아니라 지역 교회를 통하여 하나님의 사역을 이루어갔던 것이다. 이 땅에서 하나님의 사역의 중심지는 바로 지역 교회이다.

(3) 사도들이 지역 교회를 위하여 애를 쓰며 활동하였다.

어느 날 사도 바울은 말하기를 "내가 이제 너희를 위하여 받는 괴로움을 기뻐하고 그리스도의 남은 고난을 그의 몸된 교회를 위하여 내 육체에 채우노라 내가 교회 일군 된 것은 하나님이 너희를 위하여 내게 주신 경륜을 따라 하나님의 말씀을 이루려 함이니라"(골 1:24,25)라고 고백하였다.

바울은 자기가 받는 고난과 자기의 모든 활동이 바로 그리스도의 몸 된 교회를 위한 것이었다고 고백하고 있는 것이다. 그는 단적으로 자기 자신이 교회의 일꾼이라고 증거하였다. 사도들뿐 아니라 역사적으로 존재했던 많은 하나님의 사람들이 교회를 위하여 애쓰며 활동하였다.

(4) 지역 교회를 통하여 그리스도인의 전인적인 교제가 이루어진다(요일 2:12-14 / 4:20).

지역 교회의 모임과 활동을 통하여 그리스도인들은 자기의 약점을 발견하고 수정할 수 있으며 다른 그리스도인과의 교제를 통하여 전인적인 인격으로 성장할 수 있다. 다시 말해서 그리스도인은 지역 교회를 통하여 그리스도인의 목표인 예수 그리스도의 장성한 분량에 이르도록 성숙할 수 있는 것이다.

이러한 이유 때문에 지역 교회는 불완전하고 일시적인 모임임에도 불구하고 그리스도인의 삶에 있어서 더할 수 없이 중요한 것이다.

8. 교회의 사역

(1) 하나님께 예배를 드림(요 4:23,24)

교회의 가장 중요한 사역은 하나님께 예배를 드리는 일이다. 모든 그리스도인은 교회를 통하여 활동하는 것보다 하나님께 예배를 드리는 일을 더 중요하게 생각하여야 한다.

그런데 예배의 중심은 받는 데 있는 것이 아니라 드리는데 있다. 즉 우리는 축복을 받고 문제 해결을 받기 위한 목적으로 예배를 드리는 것이 아니라, 이미 받은 은혜에 대한 감사한 마음으로 드리기 위하여 예배를 드려야 한다.

(2) 하나님의 말씀으로 성도를 교육시킴(마 28:19,20)

예수 그리스도께서 하늘나라로 승천하시면서 제자들에게 분부하시기를 "모든 족속에게 하나님의 말씀을 가르쳐 지키게 하라"라고 하셨다. 교회가 이 세상에서 빛과 소금의 역할을 하며 하나님의 사역을 온전히 감당하기 위해서는 하나님의 진리의 말씀으로 성도를 교육시켜야 한다. 성경 말씀에 근거하지 않는 신앙생활을 할 때 갈등에 사로잡힐 수 있다. 교회는 하나님의 말씀을 가르치는 일에 전념하여야 한다.

(3) 봉사(엡 4:12)

하나님께서는 모든 그리스도인에게 각자에 맞는 은사를 허락하셨다. 그러므로 모든 그리스도인은 자기에게 맡겨진 은사를 통하여 하나님과 이웃을 섬겨야 한다. 성도의 봉사를 통하여 모든 그리스도인이 더욱 성숙하게 되며 그리스도의 몸이 세움을 입게 된다.

(4) 복음 전파(막 16:15 / 행 1:8)

교회가 해야 할 중요한 사역 중의 하나는 하나님을 알지 못하는 사람들에게 주님의 복음을 전파하는 일이다. 하나님께서는 모든 사람이 구원을 받기를 원하고 계신다(딤전 2:4). 그리스도인들이 함께 모여서 하나님을 예배하고 진리의 교육을 받으며 서로 교제하는 것도 중요하지만 서로 흩어져서 하나님을 알지 못하는 사람들에게 복음을 전파하는 것도 무척 중요하다. 교회가 복음 전파를 게을리할 때 하나님께서는 다른 방법으로 교회를 흩으셔서 복음을 전파하도록 하실 것이다.

(5) 사랑과 선행을 격려하는 성도의 교제(히 10:24,25)

주님께서 말씀하시기를 "사랑과 선행을 격려하며 모이기를 힘쓰라"라고 권면하셨다. 그리스도인들은 교회의 모임을 통하여 다른 어떤 곳에서도 누릴 수 없는 성도간의 뜨거운 교제를 나누어야 한다.

(6) 밥티스마(침례 또는 세례)와 성만찬을 통하여 주님을 기억함(마 28:19,20 / 고전 11:23 이하)

교회가 정규적으로 행해야 할 의식이 있는데 그것이 바로 밥티스마(BAPTISMA 교회에 따라 '침례 또는 세례'라고 함)와 성만찬이다.

예수 그리스도를 믿고 거듭난 성도에게 밥티스마를 주어 그가 그리스도인임을 모든 사람에게 알게 하고 또한 성만찬을 통하여 우리의 주님을 기념하고 기억하여야 한다. 교회는 이 두 가지 의식을 정규적으로 행해야 하며 모든 교인은 그 의식에 경건하게 동참하여야 한다.

(7) 하나님의 사업과 복음의 확장을 위해 헌금을 드림(빌 4:15 / 고후 8:3)

교회에서 이루어져야 할 또 하나의 중요한 사역 가운데 하나는 바로 헌금이다. 누군가가 물질과 시간을 투자하여 우리에게 복음을 전했기 때문에 우리가 주의 복음을 듣고 거듭날 수 있었던 것처럼 우리도 다른 사람에게 복음을 전하고 이 땅에서 하나님의 사업이 이루어질 수 있도록 정성껏 헌금을 드려야 한다.

헌금에 있어서 중요한 것은 액수가 아니라 마음이다.

그러므로 모든 그리스도인은 먼저 자기 자신을 주님께 드리고 그 후에 주님께 대한 사랑의 표현으로 정성껏 헌금을 드려야 한다.

(8) 도움이 필요한 사람에게 구제를 함(행 6:1-7)

교회는 교인 가운데 어려움에 처해 있는 사람을 찾아내어 그에게 필요한 도움을 주어야 한다. 교인뿐만 아니라 비록 불신자라 할지라도 어려움에 처해 있는 사람이 있고 교회가 그를 도울 형편이 되면 그를 기꺼이 도움으로써 이 세상에 하나님의 크신 사랑을 행동으로 나타내어야 한다. 교회가 가난한 사람을 외면하고 이 세상을 등질 때, 세상에 있는 많은 가난한 사람들이 교회를 외면할 것이다.

이러한 교회의 사역을 통하여 하나님께서는 이 땅에서 그분의 사역을 이루시고, 교인들은 그리스도의 장성한 분량에 이르도록 성장하게 된다.

2

교회와 봉사에 대한 설교

1. 성령 충만한 교회

"그 말을 받는 사람들은 침례(세례)를 받으매 이 날에 제자의 수가 삼천이나 더하더라 저희가 사도의 가르침을 받아 서로 교제하며 떡을 떼며 기도하기를 전혀 힘쓰니라 사람마다 두려워하는데 사도들로 인하여 기사와 표적이 많이 나타나니 믿는 사람이 다 함께 있어 모든 물건을 서로 통용하고 또 재산과 소유를 팔아 각 사람의 필요를 따라 나눠 주고 날마다 마음을 같이 하여 성전에 모이기를 힘쓰고 집에서 떡을 떼며 기쁨과 순전한 마음으로 음식을 먹고 하나님을 찬미하며 또 온 백성에게 칭송을 받으니 주께서 구원 받는 사람을 날마다 더하게 하시니라" – 사도행전 2장 41–47절

서론

『영국의 한 귀족이 인도에 사는 한 농부에게 트럭을 선물하였다. 농부는 그 트럭을 받고 무척 기뻐하였다. 그런데 얼마 후에 영국 귀족이 그 농부를 방문하였더니 황소 세 마리가 트럭을 끌고 가고 있었다. 그때 영국 귀족은 그 농부에게 트럭은 황소가 끌고 가는 것이 아니라 기름만 넣으면 몇 십 마리의 황소도 싣고 갈 수 있다고 말하면서 엔진을 틀어 시범을 보여 주었다.』

우리의 생활도 성령 충만을 받기 이전에는 마치 우리가 트럭을 끄는 것처럼 힘이 들지만 성령 충만을 받으면 트럭이 우리를 끄는 것처럼 힘이 넘치게 된다.

그래서 주님은 말씀하시기를 "오직 성령이 너희에게 임하시면 너희가 권능을 받고 예루살렘과 온 유대와 사마리아와 땅 끝까지 이르러 내 증인이 되리라 하시니라"(행 1:8)라고 말씀하셨다. 즉 성령 충만을 받으면 권능이 있다고 말씀하셨다. 그렇다면 과연 어떤 교회가 성령 충만한 교회인가 살펴보자.

첫째, 성령 충만한 교회는 성장하는 교회이다.

"하나님을 찬미하며 또 온 백성에게 칭송을 받으니 주께서 구원 받는 사람을 날마다 더하게 하시니라"- 사도행전 2장 47절

우리는 사도행전을 통하여 초대 교회의 성장을 살펴볼 수 있다. 최초의 예루살렘 교회는 다락방에서 기도하던 120여 명으로 시작되었다(행 1:15). 그러나 오순절날 그것은 3,000여 명으로 성장하였고(행 2:41,42) 시간이 흐름에 따라 더욱더 성장하였다.

이와 같이 모든 교회는 성장을 원해야 하고 오직 성장을 원하는 교회만이 참으로 성장할 수 있다. 그런데 교회가 성장하기 위해서는 몇 가지 조건이 필요하다.

(1) 교회가 성장하기 위해서는 말씀을 사모해야 한다.

"그러므로 모든 악독과 모든 궤휼과 외식과 시기와 모든 비방하는 말을 버리고 갓난 아이들 같이 순전하고 신령한 젖을 사모하라 이는 이로 말미암아 너희로 구원에 이르도록 자라게 하려 함이라" – 베드로전서 2장 1,2절

"저희가 사도의 가르침을 받아 서로 교제하며 떡을 떼며 기도하기를 전혀 힘쓰니라" – 사도행전 2장 42절

우리의 신앙을 성장시킬 수 있는 영의 양식은 바로 하나님의 말씀이며 초대 교회는 말씀을 사모하였기 때문에 성장할 수 있었다. 그래서 사도 바울도 우리에게 말씀을 강조하였다.

"또 네가 어려서부터 성경을 알았나니 성경은 능히 너로 하여금 그리스도 예수 안에 있는 믿음으로 말미암아 구원에 이르는 지혜가 있게 하느니라" – 디모데후서 3장 15절

『17년간 승려 생활을 하던 김진규 씨가 예수님을 믿고 목사가 된 간증이 있다.

그는 태고 종파에 속하였던 경북 영양군에 있는 일월사 주지 승려 김현진 씨의 아들로 태어나 아버지의 뜻에 따라 승려 교육을 마친 후 17세부터 승려 생활에 들어갔다. 그가 시주를 받기 위해 나갔던 어느 날, 한 청년이 책 한 권을 가지고 오더니 시주 자루에 넣으며 "이것은 살아계신 하나님의 말씀이니 한번 읽어 보신 후에 예수를 믿으세요"라고 말했다. 그는 처음에는 이 일을 불쾌하게 생각하였지만 호기심으로 산에 가서 성경을 통독하고 다섯 번을 더 읽는 가운데 불경과 다른 네 가지 사실을 발견하였다.

첫째, 속죄의 가르침이 달랐다. 불교에서는 죄를 지은 만큼 대가를 지불해야 속죄를 받는데 성경에는 예수님을 믿는 사람마다 무조건 속죄를 받는다고 하였다.

둘째, 예수님이 무덤에서 살아났다는 사실이 불교와 달랐다. 불교에서는 석가가 살아났다는 말이 없다.

셋째, 불교는 속세를 떠나 홀로 부처가 된다는 종교인데 예수님은 직접 세상에 오셔서 많은 사람들과 상대하시고 그중에서도 특히 고아, 과부, 병자, 죄인들의 친구가 되셨다는 것이 달랐다.

넷째, 해탈 혹은 구원 문제가 달랐다. 불교에서는 고통과 고난을 통하여 해탈하는데 기독교는 예수님만 믿으면 구원을 얻는다는 것이었다.

그는 이 네 가지 진리를 깨닫고 불교에서 나와서 신학을 공부하고 경북 영양군 청기면에서 목사로 시무하고 있다.』

능력 있는 신앙을 갖고 교회가 성장하기 위해서는 말씀을 사모해야 한다.

(2) 교회가 성장하기 위해서는 사랑이 있어야 한다.

"또 재산과 소유를 팔아 각 사람의 필요를 따라 나눠 주고"– 사도행전 2장 45절

교회가 성장하기 위해서는 어머니와 같은 포근한 사랑이 있어야 한다.

"내가 사람의 방언과 천사의 말을 할찌라도 사랑이 없으면 소리나는 구리와 울리는 꽹과리가 되고 내가 예언하는 능이 있어 모든 비밀과 모든 지식을 알고 또 산을 옮길만한 모든 믿음이 있을찌라도 사랑이 없으면 내가 아무 것도 아니요"– 고린도전서 13장 1,2절

『하루는 하나님께서 천사에게 세상에서 가장 아름다운 것 세 가지를 찾아오라고 명령하셨다. 이 세 가지는 꽃과 티 없이 웃는 어린아이와 어머니의 사랑이었다.

천사는 이 세 가지를 가지고 하나님 앞에 가는데 시간이 꽤 오래 걸렸다. 그동안 꽃은 시들고, 순진한 어린아이는 탐욕과 이기심이 가득 찬 흉측한 얼굴로 변했지만 어머니의 사랑만은 변하지 않았다. 천사는 이것만 가지고 하나님 앞에 왔다. 그때 하나님은 이 세상에서 가장 귀한 것은 어머니의 사랑이라고 말씀하셨다고 한다.』

"사랑은 오래 참고 사랑은 온유하며 투기하는 자가 되지 아니하며 사랑은 자랑하지 아니하며 교만하지 아니하며 무례히 행치 아니하며 자기의 유익을 구치 아니하며 성내지 아니하며 악한 것을 생각지 아니하며 불의를 기뻐하지 아니하며 진리와 함께 기뻐하고 모든 것을 참으며 모든 것을 믿으며 모든 것을 바라며 모든 것을 견디느니라" – 고린도전서 13장 4-7절

어머니와 같은 포근한 사랑이 있는 교회는 항상 성장하기 마련이다.

(3) 교회가 성장하기 위해서는 인정과 용서가 있어야 한다.

시편 기자는 말하기를 "허물의 사함을 얻고 그 죄의 가리움을 받은 자는 복이 있도다"(시 32:1)라고 하였다. 또한 주님께서는 "너희가 각각 중심으로 형제를 용서하지 아니하면 내 천부께서도 너희에게 이와 같이 하시리라"(마 18:35)라고 말씀하심으로써 용서할 것을 교훈하셨다.

톨스토이는 "서로 용서하라. 이 세상에서 화평하게 지낼 수 있는 방법은 하나밖에 없다. 그것은 용서하는 것이다"라고 말하였다.

오늘날 우리 사회에서 인정을 찾아보기는 쉬운 일이 아니다. 하지만 참으로 인정과 용서가 넘칠 때 그 교회는 성장하

게 된다.

『한 경찰관이 급성 복막염으로 길가에 쓰러져 신음하는 구두닦이 소년을 구해 주었다.

파출소 순경이 순찰 중 골목길에 쓰러져 있는 구두닦이 소년을 발견했다.

소년은 고아로서 그 누구의 도움도 없이 불쌍하게 자랐다. 순경은 그 소년을 병원으로 데리고 가서 진찰을 받게 했는데, 의사는 한 시간 내에 수술하지 않으면 위태롭다고 진단을 내렸다. 수술비 60만 원을 구하기 위해 순경은 이리저리 뛰어다니며 10만 원을 구했고 수술이 시작되었다. 다행히 수술 경과가 좋아 소년은 건강하게 퇴원할 수 있었다.』

교회의 모든 교인이 그와 같은 인정을 베풀 때 그 교회는 성령 충만하게 되며, 성령 충만한 교회는 자연히 성장하게 된다.

둘째, 성령 충만한 교회는 기도하는 교회이다.

"저희가 사도의 가르침을 받아 서로 교제하며 떡을 떼며 기도하기를 전혀 힘쓰니라" – 사도행전 2장 42절

(1) 우리는 잃어버린 영혼을 위하여 기도하여야 한다.

사도 바울은 잃어버린 영혼을 위하여 기도하였다.

"내가 그리스도 안에서 참말을 하고 거짓말을 아니하노라 내게 큰 근심이 있는 것과 마음에 그치지 않는 고통이 있는 것을 내 양심이 성령 안에서 나로 더불어 증거하노니 나의 형제 곧 골육의 친척을 위하여 내 자신이 저주를 받아 그리스도에게서 끊어질찌라도 원하는 바로라" – 로마서 9장 1–3절

"그러므로 너희가 주 안에 굳게 선즉 우리가 이제는 살리라 우리가 우리 하나님 앞에서 너희를 인하여 모든 기쁨으로 기뻐하니 너희를 위하여 능히 어떠한 감사함으로 하나님께 보답할꼬" – 데살로니가전서 3장 8,9절

지옥에 간 부자도 자기 가족의 영혼을 위하여 기도하였다.

"가로되 그러면 구하노니 아버지여 나사로를 내 아버지의 집에 보내소서 내 형제 다섯이 있으니 저희에게 증거하게 하여 저희로 이 고통 받는 곳에 오지 않게 하소서 아브라함이 가로되 저희에게 모세와 선지자들이 있으니 그들에게 들을찌니라" – 누가복음 16장 27–29절

우리 주 예수 그리스도께서도 잃어버린 영혼을 위하여 기도하셨다.

"예루살렘아 예루살렘아 선지자들을 죽이고 네게 파송

된 자들을 돌로 치는 자여 암탉이 그 새끼를 날개 아래 모음 같이 내가 네 자녀를 모으려 한 일이 몇번이냐 그러나 너희가 원치 아니하였도다" – 마태복음 23장 37절

『어느 도시에 여 집사가 있었는데 그녀의 남편은 새벽부터 교회에 나가는 것을 불평하여 집안에 불화가 일곤 했다. 어느 날 남편은 새벽에 나가는 부인의 뒤를 따라 조사하려고 신발을 찾았으나 한 짝 밖에 없어 다른 신을 신고 교회에 가보았다. 거기서 그는 아내가 강단 앞에서 남편의 신발 한 짝을 품고 울면서 기도하는 모습을 보았다.
"하나님 아버지, 남편의 신을 가지고 왔습니다. 기어코 남편의 발을 성전으로 이끌어 주셔서 주님 믿고 아버지의 큰 일꾼이 되게 해주시옵소서."
눈물로 부르짖는 소리에 남편은 감동을 받아 회개하고 예수님을 열심히 믿고 신앙생활을 잘했다고 한다.』

이와 같이 간절히 기도하는 교회가 성령 충만을 받을 수 있다.

(2) 우리는 기사와 표적을 위하여 기도하여야 한다.

"사람마다 두려워하는데 사도들로 인하여 기사와 표적이 많이 나 타나니" – 사도행전 2장 43절

초대 그리스도인들이 기도할 때 그들에게 여러 가지 기적과 능력이 나타났다. 베드로와 요한이 기도할 때 앉은뱅이가 일어섰으며, 그들이 합심하여 기도할 때마다 여러 가지 능력이 나타났다. 주님께서는 믿고 간구하는 사람에게 그와 같은 표적이 나타나리라고 말씀하셨다.

> "믿는 자들에게는 이런 표적이 따르리니 곧 저희가 내 이름으로 귀신을 쫓아내며 새 방언을 말하며 뱀을 집으며 무슨 독을 마실찌라도 해를 받지 아니하며 병든 사람에게 손을 얹은즉 나으리라 하시더라" – 마가복음 16장 17,18절

오늘날도 우리는 그와 같은 기적과 표적이 나타나도록 기도하여야 한다. 이와 같이 교회가 성령 충만하면 여러 가지 기적과 능력이 나타나게 된다.

결론

성령 충만하지 못한 가운데 신앙생활을 하면 무척 어렵고 힘이 들지만 성령 충만을 받고 성령의 힘을 빌려 신앙생활을 하면 힘이 들지 않을 뿐만 아니라 도리어 큰 능력을 받을 수 있다. 그런데 성령이 충만한 교회는 성장하는 교회이며 기도하는 교회이다.

우리의 교회가 그와 같은 성령 충만을 받기 위해서는 무엇보다 말씀을 사모하여야 하며 사랑이 있어야 한다. 또한 서로 인정을 베풀고 용서하는 삶을 살아야 한다. 그뿐만 아니라 성령 충만을 받기 위해서는 열심히 기도해야 하는데 우리는 믿지 않는 영혼이 구원받기 위하여 기도하여야 하며 하나님의 놀라운 기적이 나타나도록 기도하여야 한다. 그렇게 할 때 하나님께서 성령 충만을 부어 주시며 교회가 날로 성장하게 된다.

2. 교회가 부흥하려면

"하나님이 야곱에게 이르시되 일어나 벧엘로 올라가서 거기 거하며 네가 네 형 에서의 낯을 피하여 도망하던 때에 네게 나타났던 하나님께 거기서 단을 쌓으라 하신지라 야곱이 이에 자기 집 사람과 자기와 함께한 모든 자에게 이르되 너희 중의 이방 신상을 버리고 자신을 정결케 하고 의복을 바꾸라 우리가 일어나 벧엘로 올라가자 나의 환난날에 내게 응답하시며 나의 가는 길에서 나와 함께하신 하나님께 내가 거기서 단을 쌓으려 하노라 하매 그들이 자기 손에 있는 모든 이방 신상과 자기 귀에 있는 고리를 야곱에게 주는지라 야곱이 그것들을 세겜 근처 상수리나무 아래 묻고 그들이 발행하였으나 하나님이 그 사면 고을들로 크게 두려워하게 하신고로 야곱의 아들들을 추격하는 자가 없었더라 – 창세기 35장 1–5절

서론

『주님의 전도 계획』이라는 유명한 책의 저자인 로버트 콜만은 "오늘날 그리스도인들은 눈빛이 초롱초롱하지 못하고 발걸음에 탄력이 없다"라고 말하면서 부흥의 필요성을 강조하였다.

그의 지적과 같이 확실히 오늘날 교인들은 그렇게 성령 충

만하지 못하다. 또한 많은 교회가 부흥되지 못한 가운데 있다. 이와 같은 상황 속에서 오늘날 한국 교회 그리고 이 땅의 모든 그리스도인들은 다시 한번 부흥될 필요가 있다. 그렇다면 어떻게 하여야 부흥될 수 있는지 본문을 통하여 살펴보자.

첫째, 부흥의 역사

우리는 성경을 통하여 하나님께서 특별하게 부흥을 일으키신 몇 가지 사건을 찾아볼 수 있다.

(1) 아사 왕 때의 부흥

아사 왕 때의 부흥은 역대하 14–16장에 기록되어 있는데 그때 이스라엘 백성들은 전심으로 하나님만을 찾아서 하나님께서 주시는 평화와 하나님의 임재를 경험하고 그들의 적을 물리칠 수 있었다.

(2) 히스기야 왕 때의 부흥

히스기야 왕 때의 부흥은 역대하 30장 1–9절에 기록되어 있는데 그때 이스라엘 백성들은 그들 마음대로 살던 삶에서 다시 하나님께로 돌아와 하나님께서 부어주시는 놀라운 부흥을 경험하였다.

(3) 요시아 왕 때의 부흥

요시아 왕 때의 부흥은 역대하 34장과 35장에 기록되어 있는데 그때 이스라엘 백성들은 하나님 앞에 겸손하게 무릎을 꿇어 주님의 부흥을 맛볼 수 있었다.

(4) 스룹바벨 시대의 부흥

스룹바벨 시대의 부흥은 학개 1장과 스가랴 1장 1-6절에 기록되어 있는데 그때 이스라엘 백성들은 마음을 새롭게 다짐하고 오직 하나님의 일에 열심을 내어 하나님의 전능하신 능력을 경험하고 주님께서 주시는 부흥을 체험하였다.

(5) 느헤미야 시대의 부흥

느헤미야 시대의 부흥은 느헤미야 8장에 기록되어 있는데 그 당시 이스라엘 백성들은 무너진 성벽을 완성한 후 한자리에 모여 하나님의 율법을 들으며 자기의 죄를 통회하였다. 그때 하나님은 그들에게 말씀의 부흥을 허락해 주셨다.

이와 같이 하나님은 자기 백성들이 부흥을 사모하여 부흥을 맞이할 준비가 되어 있으면 항상 그 백성들에게 부흥의 축복을 내려 주신다.

둘째, 죄를 회개할 때 부흥이 온다.

창세기 35장 본문의 사건이 있기 전 창세기 34장에는 야곱의 딸 디나가 하몰의 아들 세겜에게 강간당하는 장면이 기록되어 있다. 야곱의 아들들은 이 사건 때문에 하몰의 모든 남자들을 전멸시켰는데, 이는 범죄를 그대로 내버려 둘 수 없었기 때문이다.

> "야곱이 시므온과 레위에게 이르되 너희가 내게 화를 끼쳐 나로 이 땅 사람 곧 가나안 족속과 브리스 족속에게 냄새를 내게 하였도다 나는 수가 적은즉 그들이 모여 나를 치고 나를 죽이리니 그리하면 나와 내 집이 멸망하리라 그들이 가로되 그가 우리 누이를 창녀같이 대우함이 가하니이까" – 창세기 34장 30,31절

이와 같이 그들이 죄에 대한 모든 일들을 처리하였을 때 하나님께서는 창세기 35장에서 그들에게 부흥을 일으켜 주셨다. 우리의 교회가 부흥하고 모든 사람의 신앙이 부흥하기 위해서는 자기가 지은 모든 죄를 회개하여야 한다. 회개하지 않는 사람은 하나님의 축복을 받지 못하여 기도의 응답도 받지 못한다. 하지만 하나님께서는 죄를 버리고 회개하는 사람을 긍휼이 여기시고 그에게 성령 충만을 허락하여 주신다.

셋째, 하나님의 말씀을 통하여 부흥이 온다.

> "하나님이 야곱에게 이르시되 일어나 벧엘로 올라가서
> 거기 거하며 네가 네 형 에서의 낯을 피하여 도망하던
> 때에 네게 나타났던 하나님께 거기서 단을 쌓으라 하신
> 지라" – 창세기 35장 1절

여기에서 야곱은 하나님의 말씀을 듣고 순종하여 부흥을
경험할 수 있었다. 신앙의 부흥을 체험하기 원하는 모든 그
리스도인은 주님의 말씀을 경청하며 그 말씀에 순종하여야
한다. 주님의 말씀은 살아있고 운동력이 있기 때문에 능히
우리를 부흥시킬 수 있다.

> "하나님의 말씀은 살았고 운동력이 있어 좌우에 날선
> 어떤 검보다도 예리하여 혼과 영과 및 관절과 골수를 찔
> 러 쪼개기까지 하며 또 마음의 생각과 뜻을 감찰하나니"
> – 히브리서 4장 12절

또한 하나님의 말씀은 우리를 죄에서 지켜주고 사단을
물리치는 성령의 검이기 때문에 능히 우리를 부흥시킬 수
있다.

> "청년이 무엇으로 그 행실을 깨끗케 하리이까 주의 말
> 씀을 따라 삼갈 것이니이다 내가 전심으로 주를 찾았사
> 오니 주의 계명에서 떠나지 말게 하소서 내가 주께 범죄

치 아니하려 하여 주의 말씀을 내 마음에 두었나이다"

– 시편 119편 9–11절

"구원의 투구와 성령의 검 곧 하나님의 말씀을 가지라"

– 에베소서 6장 17절

그러므로 신앙이 침체되어가고 어려운 일을 당할 때 우리는 성경을 열어 하나님의 말씀을 읽어야 한다. 성경에는 우리에게 필요한 모든 말씀이 들어 있다.

위험을 당하거나 외로움을 느낄 때 시편 38편을 읽으면 처해 있는 위험과 외로움에서 벗어날 수 있고 고난을 당할 때 욥기 38장을 읽으면 용기를 얻을 수 있다. 질병으로 고생할 때 시편 91편을 읽고 희망이 사라졌을 때 이사야 40장은 소망을 갖게 한다. 두려움이 생길 때 시편 27편을 읽고 친구들이 배반할 때 고린도전서 13장을 읽으면 마음을 진정시킬 수 있다.

악의 유혹을 받을 때 시편 139편을 읽고 마음에 염려가 생길 때 시편 107편을 읽으면 평화를 얻을 수 있다. 또한 믿음이 식어질 때 요한계시록 3장을 읽고, 주의 일꾼이 되고 싶을 때 여호수아 11장을 읽으면 하나님의 인도하심을 받을 수 있다.

이와 같이 성경은 우리가 어떤 상태에 있든지 우리를 지켜 주며 우리의 신앙을 일으키는 도구가 된다. 그러므로 하나님께서 주시는 부흥을 체험하기 원하는 모든 사람은 주의 말씀을 뜨겁게 사랑하여야 한다.

넷째, 우상을 버릴 때 부흥이 온다.

"야곱이 이에 자기 집 사람과 자기와 함께한 모든 자에게 이르되 너희 중의 이방 신상을 버리고 자신을 정결케 하고 의복을 바꾸라" – 창세기 35장 2절

벧엘로 올라가라는 하나님의 말씀을 들은 야곱은 벧엘로 올라가 하나님을 만나기 위하여 그들 중에 있던 모든 우상을 제거하라고 명령하였다.

하나님께서는 우상 숭배를 가장 싫어하시며 우리에게 우상을 숭배하지 말라고 분명히 말씀하셨다.

"너를 위하여 새긴 우상을 만들지 말고 또 위로 하늘에 있는 것이나 아래로 땅에 있는 것이나 땅아래 물속에 있는 것의 아무 형상이든지 만들지 말며 그것들에게 절하지 말며 그것들을 섬기지 말라 나 여호와 너의 하나님은 질투하는 하나님인즉 나를 미워하는 자의 죄를 갚되 아비로부터 아들에게로 삼 사대까지 이르게 하거니와"

우리 주님께서도 하나님 외에 다른 것을 섬기지 말라고 말씀하셨다.

"한 사람이 두 주인을 섬기지 못할 것이니 혹 이를 미워하며 저를 사랑하거나 혹 이를 중히 여기며 저를 경히 여김이라 너희가 하나님과 재물을 겸하여 섬기지 못하느니라" – 마태복음 6장 24절

사실, 우상이란 아무 말도 못하며 아무 인격도 없는 것으로 우리에게 전혀 유익을 주지 못한다. 우리가 모든 우상을 버리고 전능하신 하나님, 살아계시고 영원하신 주님을 섬길 때 하나님께서는 우리에게 부흥을 허락하여 주신다.

다섯째, 과거의 축복을 기억할 때 부흥이 온다.

"우리가 일어나 벧엘로 올라가자 나의 환난날에 내게 응답하시며 나의 가는 길에서 나와 함께하신 하나님께 내가 거기서 단을 쌓으려 하노라 하매" – 창세기 35장 3절

하나님의 말씀을 들은 야곱은 벧엘로 올라가기 전에 그동안 지켜주신 하나님의 은혜를 묵상하였다. 야곱은 그동안 하

나님을 신실하게 섬기지 못하였지만 하나님께서는 신실하게 야곱을 지키시고 보호하시며 그를 인도하여 주셨다. 야곱이 그 은혜를 생각하며 하나님께 감사드릴 때 하나님께서는 야곱을 벧엘로 이끄시고 그를 축복하여 주셨다. 이와 같이 우리도 과거에 베풀어 주신 하나님의 은혜를 묵상하며 그 하나님을 바라볼 때 하나님께서 우리를 일으키시고 축복의 자리로 인도해 주신다.

결론

교회와 개인의 신앙에 있어서 참으로 부흥이 필요한 오늘날, 우리가 하나님께서 베풀어 주시는 부흥을 경험하기 위해서는 먼저 우리의 죄를 회개하여야 하며, 하나님의 말씀에 귀를 기울여야 한다. 말씀에 대한 구체적인 순종이 없을 때 결코 부흥할 수가 없다. 또한 우리가 가진 모든 우상을 버리고 오직 하나님만을 섬기며 과거에 베풀어 주신 하나님의 축복을 기억하고 하나님을 의지할 때, 우리에게는 다시 한번 부흥의 축복이 임할 수 있다.

3. 교회에 대한 주님의 다섯 가지 책망

"에베소 교회의 사자에게 편지하기를 오른손에 일곱 별을 붙잡고 일곱 금 촛대 사이에 다니시는 이가 가라사대 내가 네 행위와 수고와 네 인내를 알고 또 악한 자들을 용납지 아니한 것과 자칭 사도라 하되 아닌 자들을 시험하여 그 거짓된 것을 네가 드러낸 것과 또 네가 참고 내 이름을 위하여 견디고 게으르지 아니한 것을 아노라 그러나 너를 책망할 것이 있나니 너의 처음 사랑을 버렸느니라 그러므로 어디서 떨어진 것을 생각하고 회개하여 처음 행위를 가지라 만일 그리하지 아니하고 회개치 아니하면 내가 네게 임하여 네 촛대를 그 자리에서 옮기리라" – 요한계시록 2장 1–5절

서론

주님의 피로 세우신 모든 교회를 주님은 사랑하신다. 하지만 교회의 모든 일을 주님께서 기뻐하시는 것은 아니다. 주님께서는 주님의 뜻에 맞지 않는 교회의 일을 책망하시고 바로잡기 원하신다.

요한계시록에는 아시아의 일곱 교회가 기록되어 있다. 주님께서는 그 일곱 교회의 장점을 칭찬하시고 부족한 점을 책망하셨다. 우리는 여기에 나타난 주님의 책망을 통하여 오늘

날 우리가 돌아보아야 할 면이 어떤 것인가를 알 수 있다.

첫째, 주님은 사랑의 결핍을 책망하셨다.

"내가 네 행위와 수고와 네 인내를 알고 또 악한 자들을 용납지 아니한 것과 자칭 사도라 하되 아닌 자들을 시험하여 그 거짓된 것을 네가 드러낸 것과 또 네가 참고 내 이름을 위하여 견디고 게으르지 아니한 것을 아노라 그러나 너를 책망할 것이 있나니 너의 처음 사랑을 버렸느니라" - 요한계시록 2장 2-4절

주님께서는 에베소 교회의 사랑의 결핍을 책망하셨다. 사랑은 교회가 지녀야 할 가장 중요한 요소이다. 성경은 사랑의 교훈에 대하여 여러 번 강조하였다. 주님은 네 이웃을 네 몸과 같이 사랑하라고 말씀하셨으며 친구를 위하여 목숨을 버리면 이보다 더 큰 사랑이 없다고 말씀하셨다. 그뿐만 아니라 고린도전서 13장 전체가 사랑에 대한 교훈이다.

(1) 사랑은 하나님께 속한 것이다.

"사랑하는 자들아 우리가 서로 사랑하자 사랑은 하나님께 속한것이니 사랑하는 자마다 하나님께로 나서 하나님을 알고" - 요한1서 4장 7절

"사랑은 여기 있으니 우리가 하나님을 사랑한 것이 아니요 오직 하나님이 우리를 사랑하사 우리 죄를 위하여 화목제로 그 아들을 보내셨음이니라" – 요한1서 4장 10절

석가가 자비를 이야기하고 공자가 인애를 강조하였지만 오직 우리 주님만이 말씀하시고 몸소 실천하여 십자가에 달리셨다.

『어떤 교회 목사님이 1년 내내 사랑에 대한 설교를 하자 그 교회의 장로와 집사들이 모두 불평을 하며 아우성이었다. 그런데 성탄절 전날 목사 내외가 거지로 분장하고 장로와 집사들을 찾아가 구걸을 하자 모두 문전 박대를 하였다. 그 후 목사 내외가 교회에 출석한 지 얼마 되지 않은 초신자의 집에 가서 구걸을 하였더니 얼른 상을 차려 주었다.

다음 주일 설교 시간에 목사님이 신분을 밝히고 사랑에 대하여 또다시 설교를 하자 불평 많고 말이 많던 장로와 집사들이 모두 사표를 내었다 한다.』

(2) 사랑은 희생적인 것이다.

"내 계명은 곧 내가 너희를 사랑한 것 같이 너희도 서로 사랑하라 하는 이것이니라 사람이 친구를 위하여 자기 목숨을 버리면 이에서 더 큰 사랑이 없나니" – 요한복음 15장 12,13절

진실한 사랑은 언제나 희생을 동반한다. 우리는 자신을 희생하지 않고는 참 사랑을 할 수 없으며, 사랑이 없는 것은 주님께서 책망하신다.

『시골 마을 저수지에서 한 집안의 장남이 살얼음 위에서 얼음을 타다가 물에 빠져 허우적거리는 것을 아이들이 발견하고 그 집에 연락하였다. 연락을 받은 할아버지와 할머니, 그리고 아버지와 어머니가 그 아이를 건지려다 모두 물에 빠져 죽고 말았다. 즉, 3대가 죽은 셈이다. 그 아들에 대한 사랑 때문에 그들은 모두 자신을 희생한 것이다.』

주님께서도 우리를 사랑하셨기 때문에 십자가에 달려 죽으셨다.

"우리가 아직 죄인 되었을 때에 그리스도께서 우리를 위하여 죽으심으로 하나님께서 우리에게 대한 자기의 사랑을 확증하셨느니라" - 로마서 5장 8절

『유명한 신학자 칼 바르트(Karl Barth)가 그의 방대한 저서 '교회 교리학'을 쓰고 미국을 방문했을 때 어떤 사람이 "선생님의 방대한 책을 한 마디로 말하면 무엇이라고 하겠습니까?"라고 물었다. 그때 바르트는 "하나님은 당신을 사랑하십니다"라고 간단하게 대답했다.』

주님께서는 첫사랑을 잃어버린 모든 성도를 책망하며 그들이 주님과 이웃에 대한 순수한 사랑을 회복하기 원하신다.

둘째, 주님은 진리의 결핍을 책망하셨다.

"네가 어디 사는 것을 내가 아노니 거기는 사단의 위가 있는 데라 네가 내 이름을 굳게 잡아서 내 충성된 증인 안디바가 너희 가운데 곧 사단의 거하는 곳에서 죽임을 당할 때에도 나를 믿는 믿음을 저버리지 아니하였도다 그러나 네게 두어가지 책망할 것이 있나니 거기 네게 발람의 교훈을 지키는 자들이 있도다 발람이 발락을 가르쳐 이스라엘 앞에 올무를 놓아 우상의 제물을 먹게 하였고 또 행음하게 하였느니라 이와 같이 네게도 니골라당의 교훈을 지키는 자들이 있도다" – 요한계시록 2장 13–15절

주님께서는 버가모 교회의 진리의 결핍을 책망하셨다. 교회가 주님의 말씀인 진리에서 멀어지면 우상 숭배와 세속화에 물들기 쉽다. 주님께서는 우리가 이 땅에서 온전히 하나님을 섬기도록 진리의 말씀인 성경을 허락해 주셨으며, 오직 진리 안에서만 참 자유가 있을 수 있다.

"진리를 알찌니 진리가 너희를 자유케 하리라" – 요한복음 8장 32절

(1) 거짓과 속이는 것은 마귀에게 속한 것이다.

"너희는 너희 아비 마귀에게서 났으니 너희 아비의 욕심을 너희도 행하고자 하느니라 저는 처음부터 살인한 자요 진리가 그 속에 없으므로 진리에 서지 못하고 거짓을 말할 때마다 제 것으로 말하나니 이는 저가 거짓말장이요 거짓의 아비가 되었음이니라"-요한복음 8장 44절

하와도 거짓의 유혹 때문에 진리의 길을 벗어났고 믿음의 조상 아브라함도 자기 아내를 누이라고 속여 범죄 할 뻔하였다.

"바로가 아브람을 불러서 이르되 네가 어찌하여 나를 이렇게 대접하였느냐 네가 어찌하여 그를 네 아내라고 내게 고하지 아니하였느냐 네가 어찌 그를 누이라 하여 나로 그를 취하여 아내를 삼게 하였느냐 네 아내가 여기 있으니 이제 데려가라 하고"-창세기 12장 18,19절

우리가 진리의 말씀에 착념하지 않을 때 남을 속이고 거짓 말하게 되며 심지어 우상 숭배와 행음하는 자리에까지 이르게 된다.

(2) 모든 성도는 마땅히 정직하여야 한다.

"여호와 하나님은 해요 방패시라 여호와께서 은혜와 영

화를 주시며 정직히 행하는 자에게 좋은 것을 아끼지 아니하실 것임이니이다"– 시편 84편 11절

하나님께서는 정직한 사람을 지키시고 그에게 은혜와 영화로 축복하신다. 가장 정직한 사람도 하루에 다섯 번 정도 거짓말을 한다고 하는데 어떤 사람은 "대통령이 되기보다 오히려 정직한 사람이 되고 싶다"라고 말하였다.

『에이브러햄 링컨이 젊었을 때 뉴 살론에서 우체국장을 한 일이 있었다. 그런데 그 우체국이 연방 정부의 지시에 의하여 문을 닫게 되었다. 그때 링컨이 정부에 돌려주어야 할 돈 17달러 8센트가 있었다.

그런데 연방 정부에서 독촉도 없자 몇 년 동안 흐지부지되고 말았다. 몇 년 후 어느 날 갑자기 연방 정부에서 사람이 나와 링컨을 찾았다. 그때 동네 사람들은 링컨이 가난해서 이미 그 돈을 썼을 것이라고 생각했다. 그런데 링컨이 나타나 연방 정부에서 사람이 온 것을 알고는 "잠깐만 기다리라"라고 하더니 하숙 집에 가서 푸른 양말을 가져왔다. 그러고는 그 양말 속에 들어 있던 17달러 8센트를 연방 정부 직원에게 주었다.

아무리 가난해도 공금을 쓰지 않았던 링컨은 후에 미국의 대통령이 되었다. 이와 같이 모든 그리스도인은 진리의 말씀에 따라 항상 정직하게 생활하여야 한다.』

셋째, 주님은 순결의 결핍을 책망하셨다.

> "그러나 네게 책망할 일이 있노라 자칭 선지자라 하는
> 여자 이세벨을 네가 용납함이니 그가 내 종들을 가르쳐
> 꾀어 행음하게 하고 우상의 제물을 먹게 하는도다" – 요한
> 계시록 2장 20절

주님께서는 두아디라 교회의 순결의 결핍을 책망하셨다. 교회가 교회로서의 순수성을 잃으면 그 교회는 더 이상 하나님의 사역을 감당할 수 없게 된다. 마찬가지로 그리스도인이 성도로서의 순수성을 잃으면 빛과 소금의 역할을 할 수 없게 된다. 그런데 오늘날 많은 교회와 성도들이 신앙의 순결과 생활의 순결을 잃어가고 있다.

(1) 순결한 교회가 되어야 한다.

> "저희에게 이르시되 기록된바 내 집은 기도하는 집이
> 되리라 하였거늘 너희는 강도의 굴혈을 만들었도다 하
> 시니라" – 누가복음 19장 46절

예수님 당시 하나님만을 섬기고 신실한 마음으로 제사를 드려야 했던 성전이 장사하는 장소로 변모하고 말았다. 주님께서는 그 일을 보시고 채찍을 휘두르시며 책망하셨다.

오늘날 우리의 교회도 그와 같이 되지 않도록 조심하여야 한다. 교회는 오직 신령과 진정으로 하나님께 예배드리는 장

소가 되어야 한다. 또한 교회는 오직 주님께 기도하고 하나님의 말씀을 선포하는 장소가 되어야 한다. 왜냐면 교회는 살아계신 하나님이 계시는 곳이기 때문이다.

> "만일 내가 지체하면 너로 하나님의 집에서 어떻게 행하여야 할 것을 알게 하려 함이니 이 집은 살아 계신 하나님의 교회요 진리의 기둥과 터이니라" – 디모데전서 3장 15절

『언젠가 김동길 교수가 다음과 같이 말하였다.

"한국의 불교는 우리 민족에게 사색하는 능력을 주었으나 현실을 부정하는 산속의 종교이며, 유교는 우리 백성에게 정치적인 이념과 체제를 주었지만 질서 유지 이상에 필요 없는 권위주의를 강하게 심어왔기 때문에 도전과 발전 없는 백성으로 만들었다.

그러나 한국의 기독교는 살아 움직이는 생명력이 있는 종교이기 때문에 개인의 인격을 세워 주고 한국의 주체성을 찾아주었다.

우리 민족은 교회를 통하여 민주주의를 배웠다.

이제 우리나라의 근본적인 역사는 1,000만의 교인을 가지고 있는 기독교가 담당해야 한다."

그의 말처럼 기독교가 이 나라를 이끌어가기 위해서는 먼저 순결한 교회가 되어야 한다.』

(2) 순결한 신앙인이 되어야 한다.

모든 그리스도인은 처음 믿을 때와 마찬가지로 순수한 믿음으로 말씀을 받아들이며 순수한 마음으로 기도하고 간구

하는 순결한 신앙인이 되어야 한다. 시간의 흐름과 함께 신앙이 아름답게 성숙해야지, 오히려 신앙이 나태해진다거나 세속화되어서는 결코 주님의 칭찬을 받을 수 없다.

(3) 순결한 생활을 하여야 한다.

오늘날 많은 사람들이 순결을 중요하게 생각하지 않고 자기 마음대로 살아간다. 미국에서 태어난 8명의 태아 중 1명이 사생아이고 연간 25만 명의 여학생들이 미혼모가 된다고 한다. 그래서 미국은 이혼율이 50%에 달하고 있다.

하지만 하나님께서는 변함없이 우리에게 순결한 생활을 원하고 계신다. 결혼하지 않은 사람뿐만 아니라 결혼한 모든 성도는 주님 보시기에 부끄럽지 않은 순결한 생활을 하여야 한다. 주님께서는 순결하지 못한 교회와 순결하지 못한 성도를 책망하신다.

넷째, 주님은 생명의 결핍을 책망하셨다.

"…네가 살았다 하는 이름은 가졌으나 죽은 자로다"-요한계시록 3장 1절

주님께서는 생명력이 없는 사데 교회를 책망하셨다. 기독교는 생명의 종교이며 능력의 종교이다. 우리의 구세주 주님

께서는 부활하셔서 지금도 살아계신 생명의 주님이시다.

그러므로 모든 교회와 모든 그리스도인은 살아있는 활동을 하여야 한다. 기도도 생명 있게 하여야 하고 찬송도 생명 있게 하여야 하며 전도도 생명 있게 하여야 한다. 아무리 건물이 훌륭하고 제도가 좋아도 생명이 없는 교회는 하나님께서 역사하지 않으신다.

다섯째, 주님은 열심의 결핍을 책망하셨다.

"내가 네 행위를 아노니 네가 차지도 아니하고 더웁지도 아니하도다 네가 차든지 더웁든지 하기를 원하노라 네가 이같이 미지근하여 더웁지도 아니하고 차지도 아니하니 내 입에서 너를 토하여 내치리라" – 요한계시록 3장 15,16절

주님께서는 라오디게아 교회의 미지근한 상태를 책망하셨다. 모든 그리스도인은 종말론적인 사고를 가지고 항상 열심히 봉사하며 살아야 한다.

(1) 물질 때문에 주님에 대한 열심이 식을 수 있다.

"이에 예수께서 제자들에게 이르시되 아무든지 나를 따라 오려거든 자기를 부인하고 자기 십자가를 지고 나를

좇을 것이니라"– 마태복음 16장 24절

"저희에게 이르시되 삼가 모든 탐심을 물리치라 사람의
생명이 그 소유의 넉넉한데 있지 아니하니라 하시고"
– 누가복음 12장 15절

　물질에 대한 지나친 욕심 때문에 주님에 대한 열정이 사라
질 수 있다. 물질이 우리의 생활에 필요한 것은 사실이지만
우리 삶의 목적은 될 수 없다.

　　『세계에서 가장 부유한 여인이었던 바바라 허튼은 자기 전용 철
　　도차와 전용 제트기가 있었으며 10,000달러에 해당하는 보석으
　　로 치장을 하며 결혼을 일곱 번이나 했지만, 66세의 나이로 죽을
　　때 다음과 같은 말을 남겼다.
　　"돈은 나에게 불행과 고통밖에 준 것이 없다. 나의 남편들은 나를
　　사랑한 것이 아니고 나의 돈만을 사랑하였다. 나는 이 세상에서
　　가장 값진 사랑을 살 수 없었고 돈의 노리개로 일생을 지냈다."』

　돈은 우리 삶의 목적이 될 수 없다. 그래서 야고보는 "너희
재물은 썩었고 너희 옷은 좀먹었으며 너희 금과 은은 녹이
슬었으니 이 녹이 너희에게 증거가 되며 불같이 너희 살을
먹으리라 너희가 말세에 재물을 쌓았도다"(약 5:2,3)라고 말하
였다.

(2) 세상에 대한 사랑 때문에 주님에 대한 열심이 식을 수 있다.

주님께서는 "이 세상이나 세상에 있는 것들을 사랑치 말라 누구든지 세상을 사랑하면 아버지의 사랑이 그 속에 있지 아니하니 이는 세상에 있는 모든 것이 육신의 정욕과 안목의 정욕과 이생의 자랑이니 다 아버지께로 좇아 온 것이 아니요 세상으로 좇아 온 것이라"(요일 2:15,16)라고 말씀하셨다.

주님을 신실하게 섬기던 데마는 이 세상에 대한 사랑 때문에 바울을 버리고 떠났다. 우리도 이 세상을 사랑하면 상대적으로 주님에 대한 열정이 식을 수밖에 없다.

결론

주님께서는 아시아의 일곱 교회를 통하여 오늘날 우리가 고쳐야 할 점들을 말씀해 주셨다. 주님께서는 신앙의 첫사랑을 잃어버린 것을 책망하셨고 진리의 말씀에서 벗어난 것을 책망하셨다. 또한 주님은 신앙과 생활의 순결에 대한 결핍을 책망하셨고 생명력 없는 미지근한 신앙 상태를 책망하셨다. 그리고 주님은 열심 없는 신앙생활도 책망하셨다.

아시아 일곱 교회의 부족한 점이 우리에게 있을 때 주님은 동일하게 우리를 책망하실 것이다.

4. 교회의 문제를 해결하려면

"유대에 있는 사도들과 형제들이 이방인들도 하나님 말씀을 받았다 함을 들었더니 베드로가 예루살렘에 올라갔을 때에 할례자들이 힐난하여 가로되 네가 무할례자의 집에 들어가 함께 먹었다 하니 베드로가 저희에게 이 일을 차례로 설명하여 가로되… 성령이 내게 명하사 아무 의심 말고 함께 가라 하시매… 내가 말을 시작할 때에 성령이 저희에게 임하시기를 처음 우리에게 하신 것과 같이 하는지라 내가 주의 말씀에 요한은 물로 침례(세례) 주었으나 너희는 성령으로 침례(세례) 받으리라 하신것이 생각났노라 그런즉 하나님이 우리가 주 예수 그리스도를 믿을 때에 주신 것과 같은 선물을 저희에게도 주셨으니 내가 누구관대 하나님을 능히 막겠느냐 하더라 저희가 이 말을 듣고 잠잠하여 하나님께 영광을 돌려 가로되 그러면 하나님께서 이방인에게도 생명 얻는 회개를 주셨도다 하니라" – 사도행전 11장 1-18절

서론

오늘날 교회를 비판하는 사람들이 많이 있다. 대형 교회를 건축한다느니, 교회가 이웃을 생각하지 않고 자기만 생각한다느니, 또는 헌금만 강조하고 사랑이 없다느니 교역자들의

인격과 실력이 좋지 않다느니 하면서 여러 가지로 교회를 질책하고 있다.

『얼마 전에 런던의 한 신문사에서 "교회의 잘못이 무엇이냐?"라는 제목으로 현상 논문을 모집한 일이 있는데 웨일스의 어느 목사님 논문이 당선되었다. 그 목사님은 논문에서 "교회의 잘못은 교리의 결함이나 교육의 부족함도 아니고 교회가 냉정하기 때문이거나 사랑이 부족하기 때문도 아니다. 교회의 가장 큰 문제는 교인들이 교회의 아름다움과 신비로움과 영화로움과 위대함을 인식하지 못하고 모든 것을 의심하는 것이 제일 큰 문제이다"라고 주장하였다.』

교회도 연약한 인간이 모인 곳이기 때문에 여러 가지 문제가 있을 수 있다. 그중에는 문제를 통하여 하나님께서 역사하시는 경우도 있고 우리가 극복하고 해결해야 하는 문제도 있다.

본문의 사건은 사도행전 10장에서 베드로가 이방인인 고넬료를 찾아가 복음을 전한 것이 문제가 된 사건이다.
본문의 사건을 통하여 우리는 교회에 문제가 발생하였을 때 어떻게 해결하여야 하는가를 배울 수 있다.

첫째, 교회에 문제가 발생하였을 때 기도하여야 한다.

교회에는 여러 가지 문제가 발생할 수 있다. 고린도 교회는 성령의 은사가 풍부하였지만 시기와 질투, 분쟁, 심지어 음행의 문제가 있었다. 빌립보 교회는 교인 상호 간의 인간 관계에 문제가 있었고, 갈라디아 교회를 비롯한 초대 여러 교회들은 이단의 가르침 때문에 문제를 겪고 있었다. 심지어 초대 교회인 예루살렘 교회도 구제 문제 때문에 서로 원망하는 일이 있었다.

오늘날 우리들의 교회도 각기 나름대로 여러 가지 문제를 안고 있는데 교회에 문제가 있을 때 우리는 기도로써 그 문제를 해결하여야 한다. 우리는 기도를 통하여 하나님의 능력과 기적을 체험할 수 있으며 해결의 응답을 받을 수가 있다.

히스기야는 기도를 통하여 생명을 15년 연장하였으며, 바울과 실라는 기도를 통하여 옥에서 구출되었다. 그뿐만 아니라 감옥에서 구출되는 경험을 하였다. 예수께서도 기도를 통하여 우리의 많은 문제를 해결해 주셨다. 그러므로 성경은 쉬지 말고 끊임없이 기도할 것을 교훈하고 있다.

"쉬지 말고 기도하라" – 데살로니가전서 5장 17절

"항상 기도하고 낙망치 말아야 될 것을 저희에게 비유로 하여" – 누가복음 18장 1절

"아무 것도 염려하지 말고 오직 모든 일에 기도와 간구로, 너희 구할 것을 감사함으로 하나님께 아뢰라 그리하면 모든 지각에 뛰어난 하나님의 평강이 그리스도 예수 안에서 너희 마음과 생각을 지키시리라" – 빌립보서 4장 6,7절

교회에 문제가 발생하였을 때 모든 교인은 힘을 합해 열심히 기도하여야 한다.

『칭기즈칸이 임종할 때 그는 다섯 아들을 불러 화살 하나씩을 꺾으라고 주었다. 다섯 형제가 모두 화살을 꺾었다. 그런 다음 칭기즈칸이 화살 다섯 개를 한꺼번에 주면서 꺾으라고 하자 아무도 꺾는 사람이 없었다.
그때 칭기즈칸은 다섯 아들에게 "너희 다섯 형제가 힘을 합치면 살고 헤어지면 죽는다"라고 교훈하였다.』

그와 마찬가지로 교회도 힘을 합하여 기도하면 어떤 문제라도 극복할 수 있다.

둘째, 교회에 문제가 발생하였을 때 주님을 바라보아야 한다.

"가로되 내가 욥바성에서 기도할 때에 비몽사몽간에 환

상을 보니 큰 보자기 같은 그릇을 네 귀를 매어 하늘로
부터 내리워 내 앞에까지 드리우거늘" – 사도행전 11장 5절

베드로는 자기에게 당한 문제를 환상을 통하여 주님의 계
시를 받음으로써 해결하였다. 이사야 선지자도 소명을 받을
때 환상을 보고 주님을 바라보았다.

"웃시야왕의 죽던 해에 내가 본즉 주께서 높이 들린 보
좌에 앉으셨는데 그 옷자락은 성전에 가득하였고 스랍
들은 모셔 섰는데 각기 여섯 날개가 있어 그 둘로는 그
얼굴을 가리었고 그 둘로는 그 발을 가리었고 그 둘로
는 날며 서로 창화하여 가로되 거룩하다 거룩하다 거룩
하다 만군의 여호와여 그 영광이 온 땅에 충만하도다 이
같이 창화하는 자의 소리로 인하여 문지방의 터가 요동
하며 집에 연기가 충만한지라 그 때에 내가 말하되 화로
다 나여 망하게 되었도다 나는 입술이 부정한 사람이요
입술이 부정한 백성 중에 거하면서 만군의 여호와이신
왕을 뵈었음이로다" – 이사야 6장 1-5절

이와 같이 우리도 교회에 문제가 발생하였을 때 간절히 주
님을 바라보면 주님께서 문제를 해결할 수 있는 힘을 베풀어
주신다.

셋째, 교회에 문제가 발생하였을 때 주님께 순종하여야 한다.

"성령이 내게 명하사 아무 의심 말고 함께 가라 하시매 이 여섯 형제도 나와 함께 가서 그 사람의 집에 들어가니" – 사도행전 11장 12절

베드로는 자기에게 당한 문제를 순종함으로 받아들였다.

우리가 주님께 순종할 때 주님께서는 주님의 능력을 우리에게 나타내 보이신다.

"나의 계명을 가지고 지키는 자라야 나를 사랑하는 자니 나를 사랑하는 자는 내 아버지께 사랑을 받을 것이요 나도 그를 사랑하여 그에게 나를 나타내리라" – 요한복음 14장 21절

우리는 성경을 통하여 하나님께 순종한 많은 사람을 찾아볼 수 있다. 노아는 모든 사람이 타락한 상황 속에서도 하나님을 경외하며, 행하기 어려운 주님의 말씀에 순종하여 구원을 받았다. 아브라함도 믿음으로 하나님께 순종하여 믿음의 조상이 되었다. 갈렙과 여호수아는 어려운 상황에도 불구하고 하나님의 말씀에 순종하여 약속의 땅을 기업으로 받았다. 베드로는 주님의 말씀에 순종하여 많은 물고기를 잡았다. 갈릴리 가나의 혼인 잔치에서 하인들의 순종으로 말미암아 물

이 포도주로 변하는 기적이 일어났다.

이와 같이 순종은 항상 능력과 기적을 가져온다. 그러므로 우리는 교회에 여러 가지 문제가 발생할 때 문제 해결에 관심을 갖지 말고 주님께 순종하여야 한다. 그렇게 할 때 하나님께서 손수 우리의 모든 문제를 해결하여 주신다.

결론

교회에 문제가 많다는 이유 때문에 교회 모임에 나가기를 주저하는 사람들이 있다. 하지만 하나님께서는 그와 같은 문제를 통하여 우리의 인격과 신앙을 성숙시키고 하나님의 일을 이루실 때가 있다. 그러므로 우리는 교회의 여러 가지 문제에 대하여 불평만 할 것이 아니라 주님께 기도하고 주님을 바라보며 순종하는 삶을 통하여 그러한 문제를 해결하여야 한다.

5. 새 성전의 기원

"솔로몬이 여호와의 전과 왕궁 건축하기를… 마친 때에 여호와께서… 솔로몬에게 나타나사 저에게 이르시되… 내가 너의 건축한 이전을 거룩하게 구별하여 나의 이름을 영영히 그곳에 두며 나의 눈과 나의 마음이 항상 거기 있으리니… 만일 너희나 너희 자손이 아주 돌이켜 나를 좇지 아니하며 내가 너희 앞에 둔 나의 계명과 법도를 지키지 아니하고 가서 다른 신을 섬겨 그것을 숭배하면 내가 이스라엘을 나의 준 땅에서 끊어 버릴 것이요 내 이름을 위하여 내가 거룩하게 구별한 이 전이라도 내 앞에서 던져 버리리니… 이 전이 높을찌라도 무릇 그리로 지나가는 자가 놀라며 비웃어 가로되 여호와께서 무슨 까닭으로 이 땅과 이 전에 이 같이 행하셨는고 하면 대답하기를 저희가 자기 열조를 애굽 땅에서 인도하여 내신 자기 하나님 여호와를 버리고 다른 신에게 부종하여 그를 숭배하여 섬기므로 여호와께서 이 모든 재앙을 저희에게 내리심이라 하리라 하셨더라" - 열왕기상 9장 1-9절

서론

오늘날 교회가 건물만 크게 짓고 사랑이 없다고 불평하는 사람들이 많이 있지만 그럼에도 불구하고 교회는 더 많이 필

요하다. 왜냐면 우리는 교회에서 하나님을 만나고 하나님께 예배드리며, 우리의 죄를 고하고 여러 성도와 함께 사랑의 교제를 나눌 수 있기 때문이다. 우리가 교회에서 나누는 그와 같은 것을 이 세상 다른 곳에서는 결코 나눌 수 없다.

사람들은 단순히 돈을 벌고 이익을 추구하기 위하여 건물을 짓지만 우리가 교회를 짓는 것은 결코 그러한 목적 때문이 아니다. 하지만 새로 짓는 모든 교회는 마땅히 기도하고 노력해야 할 몇 가지 제목이 있다. 그전에 먼저 이스라엘 성전의 역사를 살펴보자.

첫째, 이스라엘 성전의 역사

에덴동산에서 아담과 하와와 더불어 직접 교제하셨던 하나님께서는 인간이 범죄 한 이후 특별히 성막과 성전을 통하여 자기 백성과 교제하셨다.

(1) 성막(출 25-31장 / 35-40장)

이스라엘 백성들이 출애굽 한 후 하나님께서는 그들에게 십계명을 주시고 그들의 광야 생활을 위하여 성막을 허락하셨다. 성막은 하나의 이동시킬 수 있는 성소로서 하나님의 설계에 따라 모세의 지도 아래 만들어졌다.

성막은 하나님께서 자기 백성들에게 하나님 자신을 나타

내시고 또 그들 가운데 거하시는 장소였다. 그리고 성막은 이스라엘 백성들이 범죄 하였을 때 하나님께 속죄의 제사를 드리는 장소이며, 하나님의 법궤를 두는 곳으로서 광야 기간 동안 이스라엘 백성들과 같이 있었다.

이스라엘 백성들은 성막을 통하여, 하나님께서는 시내 산에서의 하나님만이 아니라 모든 곳에서 존재하시며 항상 함께하시는 하나님이심을 체험할 수 있었다.

성막의 가장 큰 의의는 그곳에서 하나님이 이스라엘 백성과 만나신다는 사실이다.

> "거기서 내가 너와 만나고 속죄소 위 곧 증거궤 위에 있는 두 그룹 사이에서 내가 이스라엘 자손을 위하여 네게 명할 모든 일을 네게 이르리라" – 출애굽기 25장 22절

이 성막은 이스라엘 백성들이 가나안 땅에 정착한 후에 여러 장소로 옮겨지다가 솔로몬 시대에 예루살렘에 고정된 성전이 세워져 성막을 대신하게 되었다.

(2) 솔로몬 성전(왕상 5–8장 / 대하 2–7장)

강력한 이스라엘 국가를 건설한 다윗이 백향목 궁에 거하면서 하나님의 궤가 휘장 가운데 있는 것을 마음 아파하며 성전 건축을 희망하였다(삼하 7:2). 그러나 하나님께서 허락지 않으시고 성전 건축을 솔로몬에게 맡기시자(대상 22:5–16) 솔로몬이 7년에 걸쳐 하나님의 전을 완성하였다(대하 3:11 / 왕상

6:1,37,38). 솔로몬이 성전을 완성하여 하나님께 봉헌할 때 온 성전에 하나님의 영광이 가득하였다(왕상 8:10,11).

이 솔로몬 성전은 주전 960년 경에 건축되어 약 400년간 보존되다가 주전 587년 바벨론 왕 느부갓네살에 의하여 파괴되고 이스라엘 백성들은 포로가 되어 바벨론으로 끌려 갔다.

(3) 스룹바벨 성전

주전 539년에 바사(페르시아)의 고레스 2세가 바벨론을 점령 하여 주전 537년에 포로 생활에서 풀려난 이스라엘 백성들 은 다시 성전을 짓기 시작하여 주전 515년에 완성하였는데, 이를 스룹바벨 성전이라 부른다.

이 성전은 주전 29-20년 헤롯이 헐기 전까지 약 500년 동 안 보존됐다.

(4) 헤롯 성전

헤롯 성전은 유대 백성의 환심을 사기 위한 정치적 목적으 로 건축하였다. 대부분의 공사는 주전 19-9년 사이에 거의 마쳤으나 나머지 공사는 주후 64년까지 계속되었다. 그러므 로 예수님께서 성전에 올라가셨을 때는(요 2:13-22) 성전이 아 직 완성되지 않았을 때이다.

헤롯 성전은 솔로몬 성전이나 스룹바벨 성전보다 훨씬 우 월하고 화려했지만 완성된 지 얼마 되지 않은 주후 70년에

디도(Titus)에 의하여 파괴되고 말았다.

우리가 성전을 생각할 때 가장 중요한 것은 하나님의 임재이다. 다시 말해, 성전에는 하나님의 영광과 임재가 나타나야 하며 하나님이 계시지 않는 성전은 아무 의미가 없다. 그러므로 새로운 예배당을 짓는 모든 사람은 몇 가지 사실을 반드시 기억하여야 한다.

둘째, 모든 성전은 하나님께 기도하는 집이 되어야 한다.

"그러나 나의 하나님 여호와여 종의 기도와 간구를 돌아보시며 종이 오늘날 주의 앞에서 부르짖음과 비는 기도를 들으시옵소서 주께서 전에 말씀하시기를 내 이름이 거기 있으리라 하신 곳 이 전을 향하여 주의 눈이 주야로 보옵시며 종이 이곳을 향하여 비는 기도를 들으시옵소서" – 열왕기상 8장 28,29절

"저에게 이르시되 네가 내 앞에서 기도하며 간구함을 내가 들었은즉 내가 너의 건축한 이 전을 거룩하게 구별하여 나의 이름을 영영히 그곳에 두며 나의 눈과 나의 마음이 항상 거기 있으리니" – 열왕기상 9장 3절

이스라엘 백성들은 솔로몬 성전을 완공한 후 하나님께 간

절히 기도하였다. 우리 주님께서도 "하나님의 집은 만민이 기도하는 집"이라고 말씀하셨다.

> "이에 가르쳐 이르시되 기록된바 내 집은 만민의 기도하는 집이라 칭함을 받으리라고 하지 아니하였느냐 너희는 강도의 굴혈을 만들었도다 하시매" – 마가복음 11장 17절

토레이 목사님은 "위대한 일을 위하여 기도하라. 위대한 역사를 기대하라. 위대한 것을 위하여 일하라. 그러나 무엇보다 기도하라"라고 말하였고 조지 스위팅 목사님은 "기도란 하나님의 보화가 들어 있는 창고를 여는 열쇠와도 같다"라고 말하였다. 또한 빌리 그래함은 "기도는 아침의 열쇠요 저녁의 자물쇠이다"라고 말하였다. 기도란 살아계신 하나님과의 대화를 의미한다. 즉, 주님을 믿고 거듭나 하나님의 자녀가 된 그리스도인이 하나님 아버지께 부르짖고 간구하고 교제하는 것이 기도이다.

하나님의 성전에서 우리는 무엇보다 열심히 기도하는 것이 필요하다. 이는 우리 주 예수 그리스도께서도 열심히 기도하는 삶을 사셨기 때문이다. 주님께서는 공생애를 시작하실 때 기도하셨고 열두 제자를 선택하실 때도 기도하셨다.
주님은 또한 오병이어의 기적을 일으키실 때도 기도하셨고 죽은 나사로를 살리실 때도 기도하셨다. 또한 성경이 우리에게 기도할 것을 강조하고 있다.

"구하라 그러면 너희에게 주실 것이요 찾으라 그러면 찾을 것이요 문을 두드리라 그러면 너희에게 열릴 것이니"– 마태복음 7장 7절

"항상 기도하고 낙망치 말아야 될 것을 저희에게 비유로 하여"– 누가복음 18장 1절

"지금까지는 너희가 내 이름으로 아무 것도 구하지 아니하였으나 구하라 그리하면 받으리니 너희 기쁨이 충만하리라"– 요한복음 16장 24절

상하고 병든 사람이 하나님께 나아와 기도할 때 하나님께서는 그의 상처를 싸매주시고 건강으로 축복하여 주신다. 주리고 헐벗은 사람이 하나님께 기도할 때 하나님은 능력의 손으로 그들을 구원하여 주신다. 또한 죄짐에 눌린 사람이 회개하며 기도할 때 하나님은 그들의 죄를 사하시고 평안한 마음을 허락하여 주신다. 그러므로 우리는 우리에게 필요한 모든 것을 하나님께 기도하여야 한다. 새벽 기도에서부터 철야 기도에 이르기까지 우리는 교회의 모든 기도 시간에 참석하여 열심히 기도하는 삶을 살아야 한다.

셋째, 모든 성전에는 하나님이 계시도록 노력하여야 한다.

"저에게 이르시되 네가 내 앞에서 기도하며 간구함을 내가 들었은즉 내가 너의 건축한 이 전을 거룩하게 구별하여 나의 이름을 영영히 그곳에 두며 나의 눈과 나의 마음이 항상 거기 있으리니" – 열왕기상 9장 3절

성전의 의미는 하나님의 임재에 있다. 그러므로 이스라엘 백성들은 성전이 완성된 후 하나님께서 그곳에 함께 계시기를 간구하였다.

"하나님이 참으로 사람과 함께 땅에 거하시리이까 하늘과 하늘들의 하늘이라도 주를 용납지 못하겠거든 하물며 내가 건축한 이 전이오리이까" – 역대하 6장 18절

솔로몬 성전 시대에 솔로몬 성전에는 하나님의 영광이 가득하였다.

"제사장이 성소에서 나올 때에 구름이 여호와의 전에 가득하매 제사장이 그 구름으로 인하여 능히 서서 섬기지 못하였으니 이는 여호와의 영광이 여호와의 전에 가득함이었더라" – 열왕기상 8장 10,11절

이와 같이 모든 교회는 하나님께서 함께 계시며 하나님께

서 역사하시고 하나님의 영광이 가득 차야 한다. 주님께서는 우리가 주님의 이름으로 모인 곳에 함께 하시겠다고 약속하셨으며 또한 영원토록 우리와 함께 계시겠다고 약속하셨다.

"두 세 사람이 내 이름으로 모인 곳에는 나도 그들 중에 있느니라"– 마태복음 18장 20절

"…볼찌어다 내가 세상 끝날까지 너희와 항상 함께 있으리라 하시니라"– 마태복음 28장 20절

그런데 우리의 성전에 하나님이 함께 계시기 위해서는 우리 자신이 성결해야 하며 모이기를 힘써야 한다.

"서로 돌아보아 사랑과 선행을 격려하며 모이기를 폐하는 어떤 사람들의 습관과 같이 하지 말고 오직 권하여 그 날이 가까움을 볼수록 더욱 그리하자"– 히브리서 10장 24,25절

넷째, 모든 성전에는 알곡이 가득 차야 한다.

시편 기자는 "눈물을 흘리며 씨를 뿌리는 자는 기쁨으로 거두리로다 울며 씨를 뿌리러 나가는 자는 정녕 기쁨으로 그 단을 가지고 돌아오리로다"(시 126:5,6)라고 말했다.

하나님께서 우리를 축복하셔서 새로운 성전을 허락하여 주셨으므로 우리도 하나님의 은혜에 보답하는 마음으로 성

전을 가득 채워야 한다. 무엇보다 먼저 우리는 주님을 믿지 않는 영혼을 불러 그가 사망에서 생명으로 옮겨질 수 있도록 하여야 한다.

> "주인이 종에게 이르되 길과 산울 가로 나가서 사람을 강권하여 데려다가 내 집을 채우라" - 누가복음 14장 23절

또한 우리는 우리의 성전을 하나님을 섬기는 봉사의 일꾼으로 가득 채워야 한다. 오늘날 교회는 할 일이 너무 많다. 그러므로 모든 교인이 신실하게 하나님을 섬기는 봉사의 일꾼이 되도록 서로 격려하며 위로할 때 하나님께서 늘 성전에 함께 계시며 하나님의 영광이 성전에 가득 차도록 축복하여 주실 것이다.

결론

우리 하나님은 전능하시고 전지하시며 영원하시고 편재하시기 때문에 항상 어디에나 계시는 분이시다. 구약 시대에 하나님은 특히 성전에 특별하게 임재해 계셨다. 하나님께서 함께 하시는 성전에는 주의 영광과 아름다움이 가득 찼다. 오늘날 우리도 우리의 교회가 그와 같은 성전이 되기 위하여 교회에서 열심히 기도하고 항상 하나님이 살아 계시도록 노력하며 전도와 봉사의 열매가 가득 차도록 수고하여야 한다.

6. 교회에 핍박이 임할 때

"저희가 이 말을 듣고 마음에 찔려 저를 향하여 이를 갈거늘 스데반이 성령이 충만하여 하늘을 우러러 주목하여 하나님의 영광과 및 예수께서 하나님 우편에 서신 것을 보고 말하되 보라 하늘이 열리고 인자가 하나님 우편에 서신 것을 보노라 한대 저희가 큰 소리를 지르며 귀를 막고 일심으로 그에게 달려들어 성 밖에 내치고 돌로 칠쌔… 저희가 돌로 스데반을 치니 스데반이 부르짖어 가로되 주 예수여 내 영혼을 받으시옵소서 하고 무릎을 꿇고 크게 불러 가로되 주여 이 죄를 저들에게 돌리지 마옵소서 이 말을 하고 자니라… 그 날에 예루살렘에 있는 교회에 큰 핍박이 나서 사도 외에는 다 유대와 사마리아 모든 땅으로 흩어지니라… 사울이 교회를 잔멸할쌔 각집에 들어가 남녀를 끌어다가 옥에 넘기니라" – 사도행전 7장 54절–8장 3절

서론

오늘날 교인들은 핍박이나 고난을 싫어하지만 사실 기독교는 고난 가운데 꽃이 되는 종교이다. 한국 교회도 핍박과 순교로 시작함으로써 순교자의 피가 오늘 교회의 밑거름이 되어 이처럼 성장하게 되었다.

일제강점기 때 한일 합방 후 기독교에 박해가 시작되어

200여 교회가 문을 닫고 2,000여 명의 지도자가 투옥되었으며 약 50여 교회가 불탔고, 수만 명이 만주와 시베리아로 이주하였다. 그와 같은 신앙인의 고난으로 말미암아 오늘날 한국 교회가 이처럼 성장하게 되었다. 그래서 베드로는 "너희 믿음의 시련이 불로 연단하여도 없어질 금보다 더 귀하여 예수 그리스도의 나타나실 때에 칭찬과 영광과 존귀를 얻게 하려 함이라"(벧전 1:7)라고 말하였고 초대 그리스도인들도 주님의 이름을 위하여 능욕 받는 일을 기쁨으로 받아들였다.

『박경구 목사님은 1950년 6월 25일 기독교 연맹 가입을 반대하여 해주 감옥에 갇혔는데, 그곳에서 심하게 고문을 받고 알아보기 힘들 정도로 상처를 입고 숨졌다. 목사님의 시신을 보고 어떤 성도가 다음과 같은 글을 지었다.

"얼마나 아팠을까 얼마나 참았을까

어떻게 견디며 싸웠을까

인간의 힘이 아니었으리라

인간의 생각이 아니었으리라

견디고 참은 것 주님이 지키셨으리라

십자가상의 상처와 같이

온 마음이 찢기고 잘릴 때

2천 년 전 골고다의 주님이 보셨으리라"』

우리 주님께서도 우리를 구원하시기 위하여 십자가의 고

난을 감수하셨다.

> "그가 찔림은 우리의 허물을 인함이요 그가 상함은 우리의 죄악을 인함이라 그가 징계를 받음으로 우리가 평화를 누리고 그가 채찍에 맞음으로 우리가 나음을 입었도다" – 이사야 53장 5절

주님은 또한 자기를 따르는 많은 사람들에게 고난을 감수하라고 말씀하셨다.

> "또 자기 십자가를 지고 나를 좇지 않는 자도 내게 합당치 아니하니라 자기 목숨을 얻는 자는 잃을 것이요 나를 위하여 자기 목숨을 잃는 자는 얻으리라" – 마태복음 10장 38,39절

교회에 핍박이 임할 때 어떤 문제가 발생하며 우리가 어떻게 대처해야 하는가를 본문을 통하여 살펴보자.

첫째, 교회에 핍박이 임하면 교인들이 흩어지게 된다.

스데반의 순교로 말미암아 초대 교회에 박해가 시작되자 모든 그리스도인이 박해를 피하여 다른 지방으로 흩어졌다.

> "사울이 그의 죽임 당함을 마땅히 여기더라 그 날에 예루살렘에 있는 교회에 큰 핍박이 나서 사도 외에는 다 유대와 사마리아 모든 땅으로 흩어지니라" – 사도행전 8장 1절

이와 같이 교회에 박해가 시작되면 교인들이 모두 흩어지게 된다. 예수님의 제자들도 예수님이 붙잡히자 예수님을 버리고 모두 도망하였다.

> "그러나 이렇게 된 것은 다 선지자들의 글을 이루려 함이니라 하시더라 이에 제자들이 다 예수를 버리고 도망하니라" – 마태복음 26장 56절

둘째, 교회에 핍박이 임하면 새로운 증거가 나타난다.

초대 교회에 박해가 시작되자 많은 그리스도인들이 그 박해를 피하여 여러 곳으로 흩어졌는데, 그들은 흩어지면서 하나님의 복음을 전하고 주의 능력을 나타내었다.

> "그 흩어진 사람들이 두루 다니며 복음의 말씀을 전할 쌔 빌립이 사마리아 성에 내려가 그리스도를 백성에게 전파하니 무리가 빌립의 말도 듣고 행하는 표적도 보고 일심으로 그의 말하는 것을 좇더라 많은 사람에게 붙었던 더러운 귀신들이 크게 소리를 지르며 나가고 또 많은 중풍병자와 앉은뱅이가 나으니 그 성에 큰 기쁨이 있더라" – 사도행전 8장 4-8절

박해를 피하여 흩어지던 무리들은 두루 다니면서 그들이 가지고 있던 복음을 전파하여 믿지 않던 영혼을 구원하고 하

나님의 능력을 나타내었다. 다시 말해, 그들에게 박해가 임함으로 말미암아 하나님의 나라가 더욱 확장되었다.

그러므로 우리는 교회에 어떤 핍박이 임할 때 그것을 부정적으로만 받아들일 것이 아니라 박해를 통하여 하나님께서 어떤 역사를 이루실 수 있다는 사실을 기억하여야 한다.

그런데 원래 주님께서는 성령이 임하여 권능을 받으면 땅끝까지 복음을 증거하라고 분부하셨다.

"오직 성령이 너희에게 임하시면 너희가 권능을 받고 예루살렘과 온 유대와 사마리아와 땅 끝까지 이르러 내 증인이 되리라 하시니라" - 사도행전 1장 8절

그러나 초대 그리스도인들은 그들끼리만 모여 교제하였지 결코 이동하며 복음을 증거하지 않았다. 그래서 주님께서는 그들에게 의도적으로 박해를 허락하여 그들로 하여금 복음을 전하게 하셨다. 그러므로 우리는 모여서 성도끼리 교제를 나눌 뿐만 아니라 흩어져 복음을 전하는 일도 열심히 하여야 한다.

결론

　일반적으로 핍박이나 박해, 고난을 싫어하지만 하나님은 그와 같은 것을 사용하여 하나님의 일을 이루실 때도 있다. 그러므로 우리는 교회에 핍박이 임할 때 그에 대한 하나님의 뜻을 잘 분별하여 핍박을 통해서도 하나님의 일을 이루고 하나님께 영광 돌리는 삶을 살아야 한다.

3

교회와 봉사에 대한
성경공부

1. 예배 생활

1. 예배의 의미

우리는 예배를 무엇이라고 생각하는가?
예배에 대한 우리의 정의를 적어보자.

(1) 구약 성경에 나타난 예배의 의미

히브리어로 예배란 '샤하아'(shachach)라고 하는데, 이는 원래 '굴복하다, 자신을 엎드리다'라는 뜻으로 하나님께 대한 경배와 순종, 그리고 봉사를 의미한다. 히브리어에서는 일하는 것과 섬기는 것, 그리고 예배드리는 것이 같은 낱말로 사용되고 있는데, 우리는 여기에서 그리스도인의 모든 행위가 하나님께 영광을 드리는 예배의 삶이 되어야 한다는 사실을 알 수 있다.

사도 바울은 우리가 어떤 삶을 통하여 하나님께 영광을 돌려야 한다고 하였는가?
● 고린도전서 10장 31절

● 로마서 12장 1절

(2) 신약 성경에 나타난 예배의 의미

헬라어로 예배란 '프로스쿠네오'(proskuneo)라고 하는데, 이는 원래 '누구의 손에 입 맞추기 위하여 자기 자신을 엎드리다, 존경의 표시로 자기 자신을 엎드리다'라는 경배와 순종을 의미한다.

2. 예배의 대상

오늘날 이 세상을 살고 있는 사람들은 각기 무엇인가를 섬기며 살고 있다. 돈이나 명예를 섬기는 사람이 있는가 하면, 권력이나 지식을 섬기는 사람도 있다. 더 나아가 자기 자신을 섬기는 사람도 있다. 하지만 하나님께서는 우리가 섬겨야 할 유일한 대상이 누구라고 말씀하셨는가?(출 20:1,2)

(1) 그러므로 우리가 결코 섬기지 말아야 할 것은 무엇인가?

● 신명기 17장 3절

● 로마서 1장 25절

● 출애굽기 20장 4,5절

- 신명기 32장 17절

- 출애굽기 34장 14절

(2) 또한 우리가 결코 숭배해서는 안 되는 대상은 무엇 무엇인가?

- 사도행전 10장 25,26절

- 골로새서 2장 18절

(3) 우리는 혹시 어떤 사람을 지나치게 존경한 나머지 그를 경배하는 지경에 이른 적이 있는가?

우리는 오직 하나님 아버지와 예수 그리스도께 예배를 드려야 한다.

다음 성경 구절을 찾아 누가 예수님께 예배드렸는가 살펴보자.

- 히브리서 1장 6절

- 마태복음 2장 1,2절

- 마태복음 2장 11절

- 마태복음 28장 16, 17절

- 요한계시록 4장 10, 11절

3. 예배 드리는 이유

(1) 우리는 누구에 의하여 어떻게 창조되었는가?
- 창세기 1장 26, 27절

- 창세기 2장 7절

하나님은 우리의 창조주이시기 때문에 우리는 마땅히 하나님께 예배드려야 한다.

(2) 우리는 누구에 의하여 어떻게 구속함을 받았는가?
- 요한복음 3장 16절

- 로마서 5장 8절

하나님은 우리의 구속주가 되시기 때문에 우리는 마땅히 하나님께 예배드려야 한다.

(3) 하나님은 지금도 어떤 사람을 찾고 계시는가?(요 4:23)

하나님은 지금도 예배드리는 사람을 찾고 계시기 때문에 우리는 마땅히 하나님께 예배드려야 한다.

4. 예배의 중요성

십계명의 첫 계명에서는 무엇의 중요성이 강조되었는가?(출 20:1,2)

하나님께서는 이스라엘 백성들이 예배드릴 수 있게 하기 위하여 무엇을 세우게 하셨는가?(출 25:22)

다음 성경 구절을 찾아 구약에 나타난 하나님의 사람들이 어떻게 예배드렸는가 살펴보자.
- 창세기 12장 7-9절

- 창세기 22장 1-14절

- 창세기 26장 23-25절

- 창세기 28장 10-22절

사도 바울은 우리에게 예배의 중요성을 어떻게 설명하였는가?(롬 12:1)

모든 그리스도인은 영원토록 하나님을 예배하는 생활을 할 것이다(계 4,5장). 그러므로 그리스도인에게 있어서 예배는 더할 나위 없이 중요한 생활이다.

5. 예배드리는 자세

예배란 하나님을 높여 엎드려 절하는 것으로, 하나님께 무엇을 달라고 구하는 것이 아니라 이미 받은 무한하신 사랑과 은혜를 감사하는 마음으로 하나님께 엎드려 경배하는 것이다. 그런데 오늘날 많은 사람은 무엇인가를 얻기 위하여, 또는 단순히 설교를 듣기 위하여 드리는 경우가 많으나 그것은 참된 예배가 아니다. 예배의 초점은 받는 데 있는 것이 아니라 드리는 데 있다.

다음 성경 구절을 찾아 우리가 어떤 마음으로 예배드려야 하는가를 살펴보자.
● 요한복음 4장 24절

● 로마서 12장 1절

● 시편 95편 6절

● 시편 116편 12–17절

적용

1. 예배란 궁극적으로 하나님을 경배하고 하나님께 모든 영광을 드리는 것을 의미한다. 우리는 예배를 통하여 참으로 하나님을 영광스럽게 하고 있는가?

2. 이 세상 사람들은 각기 무엇인가 숭배하며 살고 있다. 하지만 우리는 살아계신 하나님을 제외하고는 그 무엇도 숭배하여서는 안 된다.
   우리가 만약 하나님 외에 다른 것을 숭배하고 있다면 그것은 무엇인가?
   앞으로 우리는 그것을 어떻게 하겠는가?

3. 우리가 하나님께 예배드리는 이유는 하나님께서 우리의 창조주가 되시고 우리를 구원하셨으며, 지금도 예배하는 사람을 찾고 계시기 때문이다. 우리는 예배드릴 때마다 그와 같은 사실을 묵상하며 예배드리는가?

4. 예배는 우리의 생활에 있어서 무엇보다도 중요하다. 왜냐면 우리는 영원토록 하나님을 예배하는 삶을 살 것이기 때문이다. 그렇다면 우리는 예배를 참으로 중요하게 생각하는가?

우리는 혹시 일상적인 생활 때문에 예배를 소홀히 한 경우는 없는가?

5. 예배의 참된 자세는 받는 데 있지 않고 드리는 데 있다. 더불어 우리는 겸손하고 진실된 마음으로 감사하며 예배드려야 한다. 우리의 예배드리는 자세에서 고쳐야 할 점은 무엇인가?

2. 헌금 생활

1. 헌금의 의미

우리는 헌금이 무엇이라고 생각하는가?
헌금에 대한 우리의 정의를 적어 보자.

헌금이란 모든 것의 창조주 되시며 소유자이신 하나님께서, 하나님의 영광을 위하여 사용하도록 우리에게 맡겨주신 물질을, 우리가 소유자가 아닌 청지기라는 표시로서 하나님께 다시 드리며, 또한 이 땅에서 하나님의 사역이 이루어지도록 그 물질을 여러 방법으로 주님께 드리는 행위를 말한다.

2. 헌금을 해야 하는 이유

우리는 예배를 드릴 때마다 주님께 헌금을 하고 있다. 하지만 왜 헌금을 하는지 그 이유를 자세히 아는 사람은 그리 많지 않다. 성경을 통하여 우리가 헌금을 해야 하는 이유가 무엇인지 살펴보자.

(1) 우리가 가진 모든 것이 하나님의 것이기 때문에

다음 성경 구절을 찾아 우리가 소유하고 있는 것 중에서 어떤 것이 하나님의 것인가 살펴보자.

● 역대상 29장 14-16절

● 학개 2장 7절

● 신명기 8장 18절

● 고린도전서 6장 19,20절

우리가 가지고 있는 모든 것은 사실 다 하나님의 것이다. 그러므로 우리는 마땅히 주님의 것을 주님께 드리는 헌금 생활을 해야 한다.

(2) 우리는 관리하는 청지기이기 때문에

주님께서는 우리가 물질을 잘 관리하며 물질을 섬길 것이 아니라 하나님을 섬겨야 한다는 사실을 어떻게 말씀하셨는가?(눅 16:11-13)

(3) 우리가 하나님께 받았기 때문에

사도 바울은 우리가 주님께 받는 큰 은혜를 어떻게 표현하였는가?(고후 9:13-15)

(4) 하나님을 참으로 사랑한다면 우리는 하나님께 헌금을 해야 한다.

주님께서는 우리가 하나님을 사랑한다면 그것이 어떤 행동으로 나타난다고 말씀하셨는가?(마 6:21-24)

(5) 헌금을 통하여 우리의 신앙이 성숙하기 때문에

다음 성경 구절을 찾아 우리가 물질에 대한 욕심을 버리고 주님을 사랑할 때 어떤 유익이 있는지 살펴보자.

● 마가복음 4장 19절

● 누가복음 18장 24절

● 디모데전서 6장 10절

우리는 드리는 생활을 통하여 우리의 신앙과 인격이 성숙하게 된다. 그뿐만 아니라 우리의 헌금을 통하여 복음이 더욱 확장될 수 있기 때문에 우리는 보람을 가지고 헌금 생활을 해야 한다.

3. 헌금의 목적과 중요성

(1) 헌금의 목적

① 우리가 드리는 헌금을 통하여 누구를 영화롭게 할 수 있는가?
● 고린도후서 9장 13절

● 빌립보서 4장 18절

② 우리가 드리는 헌금을 통하여 누구의 일이 이루어지는가?
● 빌립보서 4장 15절

● 고린도후서 8장 3,4절

우리가 헌금을 드리는 목적은 우리의 헌금을 통하여 하나님이 영화롭게 되며 하나님의 일을 이루는 것이다.

(2) 헌금의 중요성
① 우리가 드리는 헌금은 무엇에 대한 우리의 응답인가?
(고후 8:7,9)

② 우리는 매 주일 규칙적으로 헌금을 드림으로 말미암아 규칙적으로 우리 자신을 헌신할 수 있다. 사도 바울은 이것을 어떻게 표현하였는가?(고후 8:5)

4. 헌금의 종류

헌금의 종류에는 어떤 것들이 있으며, 우리는 어디에 헌금을 해야 하는가?

이와 같은 문제를 궁금하게 생각하는 사람들이 많이 있다. 물론 모든 헌금이 다 하나님께 드리는 것이지만 보다 좋은 헌금 생활을 위하여 우리는 그것을 다음과 같이 구분할 수 있다.

(1) 하나님께 드리는 헌금

직접 하나님께 드리는 헌금에는 주일 헌금이나 십일조, 또는 감사 헌금이나 특별 헌금이 있을 수 있다.

이 중에서 우리가 드리는 헌금의 종류는 무엇무엇인가?

① 혹시 우리는 십일조 생활을 통하여 축복받은 경험이 있는가?(있으면 그것을 잠깐 동안 함께 나누자).

② 우리는 특별히 감사한 일이 있을 때 주님께 물질을 드림으로 감사를 표현하는 훈련이 되어 있는가?

(2) 말씀의 사역자와 선교 단체에 드리는 헌금

여기에는 지정 헌금이나 선교 헌금, 또는 후원금 등이 있을 수 있다.

① 사도 바울은 우리가 물질로 말씀의 사역자를 섬겨야 한다는 사실을 어떻게 교훈하였는가?

● 디모데전서 5장 17, 18절

● 갈라디아서 6장 6절

● 고린도전서 9장 13절

② 우리는 우리의 영혼을 위하여 수고하고 애쓰는 말씀의 사역자를 즐거운 마음으로 섬기고 있는가?

(3) 도움이 필요한 성도들에게 드리는 헌금

여기에는 지정 헌금이나 후원금 등이 있을 수 있다.

사도 바울은 우리의 헌금이 누구를 위하는 것이라고 말하였는가?

● 고린도전서 16장 1절

● 로마서 15장 26절

이와 같이 우리는 다양한 헌금 생활을 통하여 주님의 일을 온전히 성취할 수 있다.

5. 헌금하는 방법

우리가 하늘나라 가기 위해 헌금을 한다거나, 복받기 위해 헌금을 하는 것은 결코 옳은 일이 아니다. 또한 헌금을 하지 않으면 하나님께서 저주하실까 두려워 헌금을 하는 것은 옳은 일이 아니다. 그렇다고 해서, 헌금을 전혀 하지 않는다거나 또는 자기 마음 내키는 대로 헌금을 하는 것은 하나님께서 기뻐하지 않으신다.

다음 성경 구절을 찾아 우리가 어떤 자세로 헌금하여야 하는가 살펴보자.

● 고린도전서 16장 2절

● 고린도후서 9장 5-7절

● 마태복음 23장 23절

● 고린도후서 8장 7-8절

● 고린도후서 8장 5절

이 중에서 우리가 더 갖추어야 할 자세가 있다면 그것은 무엇인가?

적용

1. 헌금이란 우리에게 맡겨진 주님의 것을 다시 주님께 드리는 행위
   이다.
   우리는 헌금을 드릴 때, 우리가 드리는 헌금이 하나님의 것이라는
   사실을 기억하며 헌금을 드리는가?

2. 우리가 주님께 헌금을 드려야 하는 이유는 우리가 가진 모든 것이
   주님의 것이며, 우리는 단지 그것을 관리하는 청지기이기 때문이
   다. 또한 우리가 주님으로부터 받은 은혜가 크고 우리가 주님을 사
   랑하기 때문에 주님께 헌금을 드려야 한다. 그뿐만 아니라 우리의
   헌금 생활을 통하여 우리의 신앙과 인격이 성숙하고 복음이 확장되
   기 때문에 우리는 마땅히 헌금을 해야 한다.
   우리는 헌금을 하는 구체적인 이유를 알고 헌금을 드리고 있는가?

3. 우리는 어떤 목적을 가지고 헌금을 드리고 있는가?
   우리가 헌금을 드리는 참된 목적은 우리의 헌금을 통하여 하나님을
   영화롭게 하며 하나님의 일을 이루는 것이다.

4. 우리는 헌금을 통하여 규칙적으로 자신을 하나님께 헌신할 수 있기
   때문에 헌금 생활이 중요하다.
   우리는 헌금을 드릴 때 단순히 물질만 바치는가, 아니면 우리 자신
   을 주님께 드리며 헌금을 하는가?

5. 헌금의 종류에는 여러 가지가 있다. 우리가 지금 드리고 있는 헌금의 종류는 무엇무엇이며, 우리가 새롭게 드리고 싶은 헌금의 종류는 무엇인가?

6. 헌금을 드리는 참된 방법은 미리 준비하여 규칙적으로 드려야 하고 자원하여 즐거운 마음으로 드려야 한다. 또한 수입과 순익에 비례하여 풍성하게 드려야 하며 주님과 다른 성도들에 대한 사랑의 진실함을 증명하는 것이 되도록 드려야 한다.
   헌금을 드릴 때 우리가 더 갖추어야 할 자세는 무엇인가?

3. 구제 생활

오늘날 한국 교회가 성장한 것에 비해 구제에 빈곤하다는 소리를 많이 듣고 있다. 그 때문인지 오늘날 많은 교회에서 구제에 관심을 갖고 있다. 그렇다면 우리가 어떤 일에, 어떤 방법으로 구제하여야 하는지 성경을 통하여 살펴보자.

1. 구제에 대한 성경의 가르침

(1) 구약 성경에서의 가르침

구약 성경에는 직접 "구제하라"라는 하나님의 명령보다 불쌍한 사람을 위하시는 하나님의 모습에서 구제의 교훈을 배울 수 있다.

다음 성경 구절을 찾아 하나님께서 어떤 종류의 사람을 특별히 사랑하셨는지 살펴보자.

● 출애굽기 22장 22절

● 시편 68편 5절

● 시편 146편 9절

● 신명기 10장 17-19절

하나님께서 나그네를 불쌍히 여기시는 모습이 어떻게 나타나 있는가?(레 19:9,10)

이스라엘 백성들은 소득의 십일조뿐만 아니라 무엇의 십일조도 드렸는가?(신 14:28)

(2) 신약 성경에서의 가르침

① 예수님께서는 구제 생활이 그리스도인의 일상적인 모습이어야 한다는 사실을 어떻게 말씀하셨는가?(마 6:1-4)

② 사도 바울은 우리가 구제에 힘써야 한다는 사실을 어떻게 강조하였는가?

● 에베소서 4장 28절

● 갈라디아서 2장 10절

③ 야고보는 우리가 구제를 행함으로 나타내야 할 것을 어떻게 언급하였는가?(약 2:14-17)

히브리서 기자는 구제가 누구를 기쁘게 하는 일이라고 말하였는가?(히 13:16)

다음 성경 구절을 찾아 초대 교회의 구제의 본을 살펴보자.

- 사도행전 4장 32-37절

- 사도행전 9장 36절

- 고린도후서 8장 1-4절

- 빌립보서 4장 14-20절

2. 구제의 원리

(1) 구제는 하나님께 투자하는 것이다.

잠언 기자는 구제를 어떻게 표현하였는가?(잠 19:17)

주님께서는 구제하는 사람에게 어떤 축복을 주시겠다고 말씀하셨는가?(눅 6:38)

(2) 구제는 희생적인 것이다.

다윗은 백성을 위하여 자기 물질을 어떻게 사용하였는가?(삼하 24:24)

불쌍한 과부는 어느 정도로 희생적인 헌금을 하였는가?(막 12:41-44)

구제도 그와 같이 희생적으로 하여야 한다. 없을 때 구제하지 않는 사람은 풍부하게 되어도 결코 구제하지 않는다.

(3) 구제는 자기의 소유 정도와 관계가 없다.

주님께서는 우리가 어떤 일에 충성할 것을 말씀하셨는가?(눅 16:10)

(4) 구제는 자기의 영적인 상태와 관계가 있다.

우리는 물질이 많을 때 구제하는 것이 아니라 주님과 이웃에 대한 사랑이 풍부할 때 구제하게 된다. 이 사실을 주님은 어떻게 표현하셨는가?(눅 16:11,12)

(5) 구제의 정도는 개인적으로 결정할 문제이다.

사도 바울은 모든 헌금의 결정에 대하여 어떻게 교훈하였는가?(고후 9:7)

헌금을 비롯한 모든 신앙생활은 하나님 앞에서 자기 믿음의 분량 대로 정직하게 결정해야지 결코 사람을 의식하여서는 안 된다.

(6) 구제는 필요에 따라 드려져야 한다.

사도행전 4장 32-37절을 찾아 초대 그리스도인들의 구제의 삶을 살펴보자.

3. 구제의 자세

(1) 주님께서는 우리가 구제할 때 어떤 자세로 하여야 한다고 말씀하셨는가?(마 6:1-4)

(2) 사도 바울은 고린도 교인들에게 어떤 자세로 구제하라고 당부하였는가?(고후 9:7)

성도 중에는 특별히 구제의 은사를 가진 사람들이 있다. 바울은 그들에게 어떤 자세로 섬길 것을 당부하였는가?(롬 12:8)

4. 구제의 정도

구제도 주님께 드리는 것과 같은 것이므로 구제의 정도도 헌금의 정신이나 정도와 동일하다. 즉, 우리는 자원하는 마음으로 아낌없이 구제하여야 한다.

주님께서는 우리가 어느 정도로 구제하여야 한다고 말씀하셨는가?(눅 12:33)

5. 구제의 방법

보다 효과적인 구제 생활을 하기 위하여 몇 가지 방법을 생각할 수 있다.

(1) 규칙적으로 구제 헌금을 드려 구제를 생활화하라.

적은 액수일지라도 필요한 사람에게 자주 구제 헌금을 드리면 구제가 생활화될 수 있다. 그것이 자기에게는 적을지 모르지만 그것을 필요로 하는 사람에게는 큰 도움이 될 수 있다.

(2) 기도하는 가운데 구제의 대상을 잘 살피라.

막연히 구제하면 구제 생활에 보람을 느끼지 못할 수도 있다. 그러므로 구제를 결심하였으면 주님께서 그 대상을 밝혀 주시도록 기도할 필요가 있다.

(3) 자원하는 마음으로 은밀히 구제를 실천하라.

구제는 억지로 해서 되는 것이 아니고 자원하는 마음으로 해야 한다. 또한 구제는 자랑하면서 하는 것이 아니라 은밀하게 실천하여야 한다. 그렇게 할 때 하나님께서 영광을 받으시고 은밀한 중에 갚아주시기 때문이다.

(4) 구제의 열매를 인하여 하나님을 찬양하라.

자기가 드린 구제 헌금이 어떤 열매를 거두었을 때, 그것을 혼자 기뻐하지 말고, 구제를 드릴 수 있도록 인도하신 하나님을 찬양하라. 그렇게 할 때 하나님께서 더 많은 구제를 할 수 있도록 축복하여 주실 것이다.

우리 주님께서는 어떤 삶이 참으로 복된 삶이라고 말씀하셨는가?(행 20:35)

적용

1. 하나님께서는 고아와 과부, 그리고 가난한 사람을 특별히 사랑하시고 그들을 돌보아 주셨다. 우리도 그런 사람을 사랑하기 위하여 구체적으로 어떤 행동을 하겠는가?

2. 예수님을 비롯한 신약 성경의 많은 사람들이 구제 생활을 강조하였다.
우리는 앞으로 어떤 구제 생활을 실천하겠는가?

3. 우리가 다른 사람을 구제하는 것은 하나님께 투자하는 것이나 마찬

가지이다. 그러므로 우리는 자원하는 마음으로 희생하며 구제 생활에 힘써야 한다.

4. 구제도 하나님께 드리는 것이므로 우리는 은밀하고 성실하게 구제하여야 한다.
   구제의 자세에서 우리가 고쳐야 할 점은 무엇인가?

5. 구제도 영적 생활이므로 주님과의 깊은 관계를 통하여 잘 결정하여야 한다.
   주님께서 우리에게 어떤 사람을 구제하라고 부담을 주시는 것이 있으면 그것을 구체적으로 기도하며 결정하고 함께 나누자.

4. 주의 만찬 의식

우리가 오늘날 교회 내에서 지키고 행해야 할 두 가지 의식이 있는데, 그것은 바로 '밥티스마(침례 또는 세례)'와 주의 만찬(성만찬)'이다. 그 두 가지 의식은 주님께서 우리에게 계속적으로 지키라고 분부한 의식이다. 우리는 밥티스마를 통하여 우리가 그리스도의 죽으심과 부활에 합하여 그리스도와 연합되었다는 사실을 깨닫는다.

그러므로 밥티스마는 일생에 한 번 받는 것으로 그친다. 하지만 주의 만찬은 주님께서 오실 때까지 계속적으로 행해야 한다. 이는 우리가 주의 만찬에 참여함으로 주님을 기억하며 주님과 그분의 백성들의 친교를 강조하기 때문이다.

1. 주의 만찬의 기원과 역사

(1) 주의 만찬의 모형이 되는 구약의 사건은 무엇인가?(눅 22:14-16)

(2) 주의 만찬은 어느 때까지 계속되어야 할 의식인가?(고 전 11:26)

(3) 주의 만찬은 누구에 의하여 시작되었는가?(마 26:26-29)

(4) 사도들은 주의 만찬을 어떻게 전승하였는가?
- 사도행전 2장 42절

- 고린도전서 11장 23절

(5) 주님께서는 주의 만찬 의식이 어디에서 완성된다고 말씀하셨는가?(마 26:29)

2. 주의 만찬에 대한 여러 가지 표현

(1) 성례(The Sacrament)
밥티스마나 주의 만찬을 때로는 '성례'라고 부른다. 이 말은 그리스도에 대한 충성을 강조하는 뜻이다.

(2) 사례(The Eucharist)
이는 "감사드리다"라는 의미로 주님께 대한 감사를 강조하는 말이다.
사례라고 표현된 성경 구절을 찾아보자.
- 마태복음 26장 27절

- 고린도전서 14장 16절

(3) 친교(The Communion)

이는 주의 만찬이 상징적으로 보여 주고 있는, 하나님의 백성들이 주님과 더불어 믿음과 특권을 함께 누리는 것을 강조한다.

(4) 주의 만찬

이는 주의 만찬에 대한 주님의 권위를 강조하는 말이다. 고린도전서 11장 20절을 찾아 읽어 보자.

(5) 떡을 뗌

다음 성경 구절을 찾아 주의 만찬이 어떻게 표현되었는지 살펴보자.

- 사도행전 2장 42절

- 사도행전 20장 7절

- 고린도전서 10장 16절

3. 처음 주의 만찬식 때의 모습

(1) 언제 주의 만찬식이 행해졌었는가?(마 26:20)

(2) 어디에서 주의 만찬식이 행해졌었는가?(눅 22:12)

(3) 주의 만찬식 때 무엇을 먹었는가?(마 26:17)

(4) 누가 그들에게 떡을 떼어 주셨는가?(눅 22:19)

이것은 처음 주의 만찬식 때의 모습이지 지금도 반드시 그 방법대로 해야 한다는 것은 결코 아니다.

4. 떡과 포도주의 상징

(1) 주의 만찬식 때의 떡은 무엇을 상징하는 것인가?
(눅 22:19)

(2) 주의 만찬식 때의 포도주는 무엇을 상징하는 것인가?(눅 22:20)

5. 주의 만찬의 목적과 의의

(1) 주의 만찬의 가장 큰 목적은 누구를 기억하고 기념하는 것인가?(고전 11:24,25)

(2) 주의 만찬은 무엇에 대한 상징적 표현인가?(고전 11:26)

(3) 우리가 주의 만찬에 참여하는 것은 주님의 무엇에 참여하는 것과 같은 의미인가?(마 26:26-29)

6. 주의 만찬에 참여하는 방법

(1) 주의 만찬에 참여할 수 없는 경우

다음 성경 구절을 찾아 주의 만찬에 참여할 수 없는 경우를 살펴보자.

● 고린도전서 11장 18-20절

● 고린도전서 11장 34절

그 외에도 거듭난 경험이 없는 사람이나 자기의 죄를 아직도 해결하지 못한 사람은 떡과 잔을 함께 나눌 수 없다.

(2) 주의 만찬에 참여하는 자세와 준비

우리는 주의 만찬에 참여하기 전에 먼저 무엇을 살펴야 하는가?(고전 11:28)

주의 만찬에 참여하는 사람들은 주님의 죽으심을 기억하며 그에 합당한 말씀이나 찬양을 미리 준비하여, 성령의 인도하심에 따라 순종하고 적극 참여하여야 한다.

주의 만찬을 집행하기 위하여 특별히 권위를 받은 사람은 없으며 이 의식을 행하는 시간이나 횟수, 방법도 일정하지 않다.

적용

1. 주의 만찬은 우리가 주님의 품에 가기 전까지 지속적으로 드려야 할 의식이다.

   우리는 교회에서 행하고 있는 만찬 예배에 신실하게 참여하고 있는가?

2. 주의 만찬에 참여할 때는 항상 자기 자신을 먼저 살핀 후 만찬 예배에 참여하여야 한다.

우리는 만찬 예배에 참석하기 전 항상 자신을 진지하게 살핀 후에 참여하는가?

3. 만찬 예배에 참여할 때는 항상 주님의 죽으심을 기억하며 그에 해당되는 말씀이나 찬송을 준비하여야 한다.
   우리는 만찬 예배에 참여할 때 그와 같은 준비를 하여 참여하는가, 아니면 아무 준비도 없이 그냥 참여하는가?

4. 만찬 예배에서 함께 나누는 떡과 포도주는 주님의 살과 피를 상징한다. 우리는 그 떡과 잔을 나누며 주님의 죽으심을 기억하고 기념하는 것이다.
   우리는 만찬 예배를 통하여 참으로 주님의 죽으심을 묵상하는가?

5. 밥티스마(침례 또는 세례) 의식

1. 밥티스마의 기원

고대 사람들의 생각 속에는 물로 깨끗하게 된다는 사상이 많이 잠재되어 있었고, 구약 성경에도 그와 비슷한 사건이 많이 기록되어 있다.

다음 성경 구절을 찾아 구약 백성들이 어떤 경우에 물로 깨끗하게 씻는 의식을 행하였는지 살펴보자.

● 출애굽기 29장 4절

● 레위기 14장 8,9절

● 민수기 8장 7절

● 역대하 4장 6절

구약 백성들의 그와 같은 의식이 점점 발달하여 예수님 당시 유대인들은 다른 종교에서 유대교로 들어오는 새로운 개종자를 받아들일 때, 그 사실을 모든 사람에게 알리기 위하여 강에서 밥티스마 의식을 행하였다. 그러므로 예수님 당시 유대인들은 밥티스마를 하나의 종교 풍습으로 알고 있었으며, 주님께서 그것을 기독교 의식화하셨다.

2. 요한의 밥티스마

예수 그리스도의 길을 예비하였던 요한은 이스라엘 백성들에게 회개의 메시지를 선포하고, 회개의 표시로서 그들에게 밥티스마를 주었다.

(1) 요한이 밥티스마를 주는 장면을 살펴보자(마 3:1-6).

(2) 요한의 밥티스마는 독자적인 것이 아니라 어디로부터 온 것인가?(막 11:30)

(3) 요한의 밥티스마는 목적이 무엇이었는가?(마 3:11)

3. 밥티스마의 목적

요한은 이스라엘 백성들에게 그들의 죄를 회개케 하기 위하여 밥티스마를 주었으나 오늘날 우리가 행하는 밥티스마는 그 목적이 다르다.

(1) 밥티스마의 목적이 아닌 것

밥티스마는 구원의 조건이 아니다. 다시 말해, 밥티스마를 받아야만 구원을 얻는 것이 아니다.

우리가 구원을 받기 위한 유일한 조건은 무엇인가?(엡 2:8,9)

그러므로 우리는 구원을 받기 위하여 밥티스마를 받는 것이 아니다. 또한 신앙의 성장을 위하여 밥티스마를 받는 것도 아니다.

(2) 밥티스마의 목적

그리스도인이 밥티스마를 받는 것이 하나님의 명령에 순종하는 일이다.

(1) 주님께서는 우리에게 밥티스마에 대하여 어떤 명령을 하셨는가?(마 28:19,20)

우리가 밥티스마를 받는 것은 주님과 사도들의 본을 따르는 일이다.

(2) 주님께서는 누구에게, 어떤 목적으로 밥티스마를 받으

셨는가?(마 3:15)

(3) 우리는 밥티스마를 받음으로써 주님과 연합하게 된다. 사도 바울은 이 사실을 어떻게 설명하였는가?(롬 6:2~14)

밥티스마는 신앙에 대한 간증이며 고백이다.
성경 구절을 찾아 초대 그리스도인이 어떤 경우에 밥티스마를 받았는지 살펴보자.
● 사도행전 2장 38절

● 사도행전 9장 18절

● 고린도전서 15장 29~34절

4. 누구에게, 어떻게 밥티스마를 받는가?

성경에는 누구에게 밥티스마를 받아야 한다는 사실에 대하여 분명한 언급이 없다.

다음 성경 구절을 찾아 신약 시대에 누가 밥티스마를 주었는지 살펴보자.
● 사도행전 2장 41절

● 사도행전 9장 17,18절

● 사도행전 8장 38,39절

● 사도행전 10장 44-48절

● 고린도전서 1장 14절

이스라엘 백성들은 대부분 어디에서 밥티스마를 받았는가?

● 마태복음 3장 13-17절

● 요한복음 3장 22,23절

그러므로 우리도 할 수 있으면 모든 회중 앞에서 목회자에게 밥티스마를 받는 것이 가장 자연스러운 일이다.

밥티스마를 받을 때는 누구의 이름으로 받아야 하는가?

(마 28:19)

적용

1. 밥티스마를 받아야 구원을 받는다거나 또는 밥티스마를 받아야 신

앙이 성숙하는 것은 결코 아니다. 오직 밥티스마는 주님을 믿고 구원을 받는 사람이 주님께 대한 믿음과 순종의 표시로 받는 것이다.

우리는 언제 밥티스마를 받았는가?

그리고 밥티스마를 받을 때 무엇을 느꼈으며, 어떤 결심을 하였는가?

2. 우리는 밥티스마를 받음으로써 주님과 연합하게 된다. 그러므로 밥티스마를 받는 모든 그리스도인은 주님께 순종하는 삶을 살아야 한다.

우리는 밥티스마를 받은 후 주님과 연합하여 주님께 영광 돌리는 삶을 살고 있는가, 아니면 세상을 사랑하는 부끄러운 삶을 살고 있는가?

4

예화

뉴욕 시는 고층 건물이 많기로 세계에서 유명하다. 유명한 마천루가 하늘 높이 솟아 있다. 라디오 시티 빌딩이 800자, 크라이슬러 빌딩이 1,050자, 특히 엠파이어 스테이트 빌딩은 1백 2층으로서 1,250자 높이의 큰 건물이다. 여기를 걸어서 올라가려면 한 시간 이상 걸리고 그 속에 엘리베이터는 70대나 된다.

그러면 뉴욕 시에는 어째서 이런 큰 건물을 세울 수 있을까? 그것은 지반이 강철처럼 견고하기 때문이다. 바위로 깔린 터이므로 아무리 높은 집을 지어도 흔들리지 않는 것이다.

우리의 생활도 그리스도라는 반석 위에 건축이 되어야 흔들리지 않는다.

벨지언 콩고의 무쿰비라는 작은 촌락 사람들은 예배당을 짓기로 하였다. 그래서 모든 사람들은 열심히 일을 하였다. 물긷는 사람, 벽돌 만드는 사람 등 모두 열심히 일을 하는데, 한 사람은 불구자여서 일할 수가 없으므로 그는 벽돌 만드는 곳에 찾아가 온종일 이렇게 외치는 것이다.

"하나님의 자녀들아! 와서 주를 위하여 일하자. 예배당을 짓자."

이 소리는 모든 일하는 사람들의 피곤을 덜어줄 뿐 아니라 큰 격려가 되어 단시일 내에 훌륭한 예배당을 지었다고 한다.

미국 시카고 시에 어떤 어린 소년 하나가 주일학교를 다니고 있었다. 그런데 이 어린이의 집이 다른 동네로 이사를 하였지만 여전히 먼 길인데도 그 교회에 출석을 하고 있었다. 한 친구가 그에게 구태여 그럴게 먼 거리에서 그곳까지 나올 필요가 있겠느냐고 묻고 그 아이가 이사한 집 근처에도 훌륭한 교회가 얼마든지 있다고 말해 주었다. 그러나 그 어린이는 "그런 교회들은 다른 사람에게 훌륭할지 몰라도 나에겐 그렇지 못해"라고 대답했다. "왜 그렇지?"라고 친구가 되묻자, "우리 교회는 나를 사랑해 주는 사람들이 많고 또 모두들 사랑하고 있지만 그곳 교회들은 그렇지를 못해"라고 말했다고 한다.

김홍도 목사님 설교집에 보면 다음과 같은 이야기가 기록되어 있다. "얼마 전에 어느 회사 사장님 댁에 초대를 받아 갔었다. 사업이 아주 잘되어서 참 기뻐하는 것을 보았다. 그런데 그 회사에 근무하는 기사 한 사람이 '우리 사장님은 축복을 받게끔 되어 있습니다'라고 말하면서 다음과 같은 간증을 하였다.

그 사장님의 아버님이 수만 석하는 부자였는데 공산당에게 몰수를 당하여 망하고 이남으로 피난하여 전처럼 부자는 되지 못했지만 웬만큼 농토를 가지고 살았다. 그가 세상을 떠날 때에 아이들이 넷이 있었는데도 그 아들들에게는 재산을 물려 주지 않고 시골 교회 짓는 데 전 재산을 바쳤다는 것이다.

그 아들들은 고학을 하여 고등학교, 대학교를 졸업했다 한다. 그때 당시에는 자녀들에게 고생을 시키는 것 같았지만 오늘 그 아들의 세대에 와서는 수억 대의 부자가 생기고, 목사가 되고, 장로가 되는 귀한 축복을 받았다고 한다."

어떤 흑인이 백인들만 모이는 교회에서 예배를 드리려고 마음먹고 들어서다가 저지를 당하고는 문밖에 꿇어앉아 눈물을 흘리며 기도하고 있었다. 그때에 비몽사몽간에 예수님이 나타나서 "왜 너는 여기서 눈물을 흘리느냐?"라고 물으셨다. 그 흑인이 "예, 제가 흑인이라고 해서 이 교회에 못 들어가게 하므로 슬퍼서 웁니다"라고 대답하자 예수께서 대답하시기를 "너 그 교회에 못 들어갔다고 슬퍼하지 말아라. 사실은 나도 아직 이 교회엔 못 들어가 보았다"라고 말씀하셨다는 이야기가 있다. 교회란 차별이 없어야 한다.

태평양을 항해하는 배 위에서 어떤 사람이 새장 속의 새를 놓치고 말았다. 새는 마음껏 하늘을 날면서 새장이 아닌 다른 곳을 찾아보았으나 가도 가도 망망한 바다뿐, 발붙일 곳이 없었다. 얼마 후 새는 피곤한 날개를 저으며 전에 갇혔던 새장으로 돌아오고 말았다.

   사람이 교회에서 벗어나 세상으로 나갈지라도 진정한 안식이 있는 곳을 찾을 수 없어 교회로 되돌아오게 된다.

로마에 가면 옛날부터 내려오는 유명한 고적 유물과 유명한 예배당들이 많이 있다. 그러나 그 여러 예배당 가운데 제일 유명한 예배당 둘이 있는데 하나는 베드로 예배당이요 하나는 바울 예배당이다. 그런데 이 두 예배당이 유명한 이유는 둘 다 그들이 순교한 자리에 건축됐다는 것이다. 베드로가 거꾸로 십자가에 못 박혀서 죽은 자리에 베드로 예배당이 건축되었고, 바울 예배당은 바울이 칼에 맞아서 피를 쏟은 그 자리에 바울 기념 예배당이 건축된 것을 오늘날까지 볼 수 있다. 교회는 나의 무덤 위에 세워진다는 진리를 잊지 말아야 한다.

하나님이 수년 전에 기도의 응답으로 한국을 위하여 행하신 놀라운 일을 많이 보았다.

몇 명의 선교사들이 매일 정오에 기도하기 위하여 모이기로 결정했다. 한 달이 지난 후 아무 일도 안 생기므로 한 형제가 기도회를 중지하자고 제의했다. 그는 편리한 대로 각자 집에서 기도하자고 했다. 그러나 다른 사람들은 매일 더 많은 기도를 하여야 한다고 거절했다. 그래서 그들은 4개월 동안 매일 기도회를 가졌다.

그런데 갑자기 축복이 쏟아지기 시작했다. 여기저기에 예배 도중에 우는 것과 죄를 회개하는 사람이 있었고 드디어 큰 부흥이 일어났다.

주일날 밤 예배 시 어떤 곳에서는 교회의 중직이 일어서서 과부의 유산을 돕다가 돈을 훔쳤다고 고백했다. 즉시로 죄의 각성이 회중을 휩쓸었고 예배는 월요일인 2시까지도 끝나지 않았다. 교회가 정화되자 많은 사람들이 구원을 얻었다. 많은 사람들이 교회로 몰려왔다. 어떤 사람은 조롱하려고 왔다가 두려움에 사로잡혀 머물러 기도했다.

호기심으로 지켜보는 사람들 중, 도둑 떼의 우두머리가 있었다. 그는 죄를 깨닫고 회개한 후 곧바로 경찰서에 가서 자수했다. 놀란 경찰은 "당신은 고소자도 없는데 스스로 정죄합니까? 우리는 당신과 같은 경우에 해당하는 법을 알고 있지 않습니다"라고 말하며 돌려보냈다.

선교사 중 한 사람이 말했다.

"기도로 몇 달을 보낸 것이 결과가 좋았습니다. 하나님께서 성령을 보내사 모든 선교사들이 합하여 반 년에 행한 것을 그분은 반나절에 성취하셨습니다. 두 달 동안 2천 명 이상의 불신자가 회개하였습니다.

어떤 사람은 전 재산을 교회 짓기 위하여 바쳤고 더 바치지 못하여

울었습니다. 말할 것도 없이 그들은 기도의 능력을 체험했습니다. 그 회심자들은 간구의 영으로 침례(세례)를 받았습니다. 한 교회에서는 매일 기도회가 새벽 4시 30분에 시작하기로 했는데 첫날 그 시간이 되기도 전에 400명이 도착했습니다. 목적은 기도하기 위해서입니다. 그 수는 날이 갈수록 늘었고 서울서는 매주의 기도회에 평균 출석이 11,000명이었습니다.

불신자들이 일어난 일들을 보려고 하다가 놀라서 '산 하나님이 너희 중에 있다'라고 소리 질렀습니다."

시카고에 대화재가 나서 온 시가지가 불바다를 이루었을 때의 일이다. 각 신문사의 기자들이 화재 현장에 도착해 보니 모든 건물들이 불타고 있었다. 더욱이 그 시가지 한복판에 있던 무디 목사님의 교회도 깡그리 불타 버리는 것을 보게 되었다. 그러자 기자들은 무디 목사님 곁으로 다가와서 "목사님께서는 항상 하나님은 살아 계시고 전지전능하셔서 무엇이든지 원하기만 하면 이루어 주신다고 설교를 하셨습니다. 그런데 왜 하나님께서는 하나님의 거룩한 성전인 교회가 불에 타서 없어지게 합니까?"하고 빈정거리는 것이었다. 그 말을 듣고 난 목사님은 이렇게 대답했다.

"나는 벌써부터 하나님께 큰 교회를 주십사고 기도를 했소. 그 기도의 응답으로 지금 교회가 불탄 것입니다. 우리가 큰 교회를 짓기 위해서는 지금 교회를 뜯어야 하는 비용이 들기 때문에 하나님께서는 불로 태워서 비용이 들지 않게 하시는 것입니다."

이 기자들은 어이가 없었다. 왜냐면 목사님은 밤중에 당한 화재라서 잠옷 바람으로 겨우 목숨만 건진 빈주먹 상태였기 때문이다. 그래서 기자들은 재차 "그럼 목사님, 그런 큰 교회를 세울 돈은 가지고 있습니까?"라고 물었다. 그러자, 무디 목사님은 옆구리에 끼고 있던 낡은 성경 책을 내놓으면서 "나는 수표나 돈을 가지고 나오진 않았소. 그러나 아무리 써도 바닥이 나지 않는 하나님의 금고인 성경을 가지고 나왔습니다. 그러므로 여러분은 얼마 안 가서 불에 탄 교회보다 더 크고 훌륭한 교회를 볼 것입니다."

그 화재 이후 시가지를 재정비하기 전에 무디 목사님은 영국으로 건너가서 전 영국을 뒤흔드는 부흥을 일으켰다. 무디 목사님이 미국으로 돌아올 때 영국에서는 무디 목사님의 교회 건축을 위해서 많은 헌금을 하였다. 그래서 무디 목사님은 대화재가 난 그 자리에 옛날 교회보다도 훨씬 크고 아름다운 교회를 지을 수가 있었다는 것이다.

저 하늘이 무너지고 이 땅이 꺼져도 예수님의 말씀은 일점 일획이라도 변하지 않는다.

"천지는 없어지겠으나 내 말은 없어지지 아니하리라."

근세사를 보면 영국이 인도를 오랫동안 식민지로 삼아 왔었는데, 그 방법으로서 영국 정부에서는 인도가 여러 부족들로 구성된 나라인 점을 이용하여 (가)라는 부족과 (나)라는 부족 간에 싸움을 붙였다. 또 (다)라는 부족과 (라)란 부족과 또 싸움질을 하게 하였다. 그러고는 그들이 서로 싸움을 하는 틈을 타서 영국은 인도의 보물들을 몽땅 빼앗아 버리는 정책을 써서 식민지화를 오랫동안 꾀하였다고 한다.

못된 원수 마귀는 교회와 교회 간에, 성도와 성도 간에 싸움을 일으켜 놓고 우리의 믿음을 빼앗는 정책을 쓰고 있음을 알아야 한다.

얼마 전 중국을 다녀온 김 의환 목사님이 교회 지도자들을 모아 놓고 북경 교회 현황을 보고했다. 북경에 가보니까 교회란 가톨릭과 신교들뿐인데 이는 표본으로 만든 교회였다.

그들의 예배드린 것을 보니 목사도 공장에 나가 일을 하다가 주일에만 예배를 인도하는데, 설교는 못하게 되어 있고 주일날 강단에서 성경 세 구절만 택해서 읽게 되어 있다는 것이다.

평신도들은 성경을 가질 수 없다. 교회에 나와 목사님이 성경을 읽어 주면 그것으로 은혜를 받고 돌아간다. 그리고 주일마다 성찬식을 행하는데 이것은 의식화되어 있다. 그러나 중국 내에는 아직도 3백만이라는 지하 교인이 있다고 한다.

신앙의 자유가 없어 숨어서 신앙생활하는 3백만의 그리스도인이 있다는 것은 놀라운 일이다. 한국 교회는 이렇게 신앙 자유가 보장된 국가에서 너무나 나태하고 부진감이 들고 있다.

어느 날 한 청년이 무디 선생님께 찾아와서 묻기를 "교회를 꼭 나가야만 신앙생활을 할 수 있습니까?"라고 물었다.

무디 선생은 아무 말도 하지 않고 난로에 벌겋게 핀 석탄 한 덩어리를 끄집어 내다가 저쪽 구석에 갔다 놓으라고 했다.

얼마 안 가서 그렇게 벌겋게 달어 오른 석탄의 불이 꺼져 갔다. 그러자 무디 선생은 청년에게 빨리 석탄을 난로에 집어넣으라고 했다.

청년이 그렇게 하자 얼마 안 가서 꺼져 가던 석탄이 벌겋게 불이 피어 올라온다.

이것을 본 청년은 아무런 말을 못 하고 돌아가서 교회를 잘 출석하면서 신앙생활을 했다는 것이다. 성도가 교회를 떠나서는 신앙생활을 잘 하고 신앙을 유지한다는 것은 어려운 것이다.

우리에게 확신을 심어 주는 사실이 있다.

1930년대와 40년 초기에 미국 사회에 극심한 경제적인 공황이 밀어 닥쳤다. 이때 6개의 은행 중 1개의 은행이 문을 닫게 되었고, 22개 기업체 중 1개의 비율로 문을 닫게 되었다. 그리고 대학은 미국 내의 40개 중요한 대학이 문을 닫게 되었다고 한다. 얼마나 경제적 타격이 컸다는 것을 알 수 있다. 그러나 그중에도 하나님께서 세우신 교회는 결코 문을 닫지 않고 날마다 부흥되었다는 기록을 보았다.

오늘날과 같은 경제난국에도 기독교 서적은 불황에 휩쓸리지 않는다는 반가운 소식을 들었다. 다행한 일이다.

지방에서 한약방을 경영하시는 조 장로님이라는 분이 있다.

그는 사업보다 교회를 먼저 부흥시켜야 하겠다는 각오를 가졌다.

그래서 새벽에 교회에서 기도한 후 오전 내내 성도의 가정을 심방하여 전도하고 오후에만 자신의 일을 돌보았다고 한다. 그런데 그의 약방에는 그를 만나려고 기다린 사람들이 항상 득실거렸다고 한다.

그리고 그 장로님은 교회를 먼저 짓기 전에는 내 집을 지을 수 없다면서 교회를 짓고 먼저 하나님 사업을 위하여 희생하자 너무 많은 축복으로 갚아 주시더라고 간증했다.

미국의 존 워너메이커는 어렸을 때 서점에서 일했다. 점원으로부터 출발한 워너메이커는 후에 세계적으로 유명한 백화점 경영자가 된 사람으로, 1877년 필라델피아에 처음으로 백화점을 세웠지만 사실은 자기가 살고 있는 고장의 교회에서 주일학교 학생들을 가르치는 선생을 계속하였다. 그리고 어떠한 일이 있어도, 아무리 바쁜 일이 있더라도 주일에는 반드시 집으로 돌아와 예배를 드리는 일에는 변함이 없었다.

한 번은 정부로부터 장관이 되어서 미국 정부의 일을 도와줄 것을 요청받았지만 워너메이커는 "미국을 위해 장관으로서 일하는 것도 중요하지만 그 일 때문에 교회의 예배에 출석을 못 하게 되거나 주일학교 교사 일을 못 보게 된다면 그만두겠습니다"라고 답장을 썼다. 그러자 정부에서는 "주일날에는 마을로 돌아가서 예배에 출석하고 주일 학교 학생들을 돌봐도 좋습니다"라는 회신을 보내왔다.

이리하여, 워너메이커는 1889년부터 1893년까지 해리슨 대통령 밑에서 체신 장관이 되었다. 워너메이커는 미국의 주일학교를 창립한 것 외에도 신문 잡지를 발행하고 종교, 교육 사업에 큰일을 많이 하였다.

교회 목회자가 하는 일은 하나님의 말씀을 사람들에게 전하는 것이다.

어느 도시에 새로운 교회가 생겼다. 목사님은 그 도시의 사람들이 교회에 나오도록 매일 기도하며 부인과 둘이서 약도를 그린 안내의 편지를 만들어 한 집 한 집을 매일같이 방문하며 돌렸다.

주일날이 되자 얼마나 많은 사람들이 예배에 나올까 하는 기대 속에서 시간을 맞이하였지만 한 사람도 나오지 않았다. 그러나 피곤한 중에서도 전도 편지를 돌리는 일은 계속되었고, 다음 주일에도, 그다음 주일에도 아무도 오지 않았다. 1개월이 지난 어느 날, 부인과 함께 예배를 드린 목사님은 실망하여 "하나님! 저는 열심히 하였지만 아무도 오지를 않습니다. 이 장소는 전도에 적합지 않은 줄로 알고 다른 장소를 알아보려고 합니다"하는 기도를 드렸다.

그때 부인이 한 통의 편지를 가지고 들어왔는데, 보내온 사람은 다름 아닌 초등학교 2학년생인 교회학교 학생이었다.

"목사님, 목사님께서 찬 바람이 부는 날에도 전도지를 돌리시는 것을 몇 번이고 봤습니다. 감기 들지는 않으셨는지요. 많은 사람들이 교회에 나오면 얼마나 좋겠습니까? 저는 매일 밤 잠자리에 들 때 기도하고 있습니다."

실망에 젖어있던 목사님의 마음이 뜨거워지기 시작했다. 비록 초등학교 2학년 어린아이의 편지이기는 했으나 백만 대군의 힘을 얻은 것 같았다. "목사님, 힘내세요. 그 정도에 마음이 약해지시면 안 돼요. 제가 기도하고 있으니 용기를 가지세요"라는 소리가 들려오는 것 같았다. 큰 감동을 받은 목사님은 다시 한번 힘 있게 일어났다. 얼마 후 한 사람, 두 사람 모여들기 시작했다.

후에 목사님은 이 일을 상기하며, 실의에 차 있을 때 그것은 참으로 중요하고 힘을 주는 편지였음을 말했다. 주일학교 어린 학생의 편지가 교회를 유지하는 데 큰 역할을 했던 것이다. 교회는 목사 혼자서 일하는 것이 아니다. 성도들도, 학생들도 다 같이 협력하며 서로 사랑하고 다 같이 일을 하는 것이다(고전 12:27, 엡 6:19,20).

우리들은 바쁘다는 이유로 교회에서 많은 시간을 보내지 않는다. 일 주일 중 하루도 못 되는 시간을 바치고 있는데, 과연 우리 생활의 하루 중 하나님을 생각하는 시간은 얼마 정도나 되는가?

사람들이 시간을 어떻게 사용하고 있는가에 대해 나타난 조사를 살펴보면, 사람이 70살을 살 것으로 보고 다음과 같은 통계가 나온다고 한다.

식사 시간이 7년, 일하는 시간이 11년, 오락이 8년, 잠자는 시간 24년, 세수를 한다든가 옷을 갈아입는 시간이 5년, 떠들어 대는 것이 3년, 교회에는 겨우 6개월밖에 못 다닌다는 것이다.

우리는 어떠한가? 70평생 겨우 6개월밖에 교회를 위해 시간을 바치고 있지 않다. 떠들며 지내는 3년 중 그 반이라도 하나님을 위해 바칠 수는 없겠는가?

옛날 구라파의 어느 왕이 아주 크고 화려한 교회를 세워서 자기의 이름을 빛내려고 하였다. 그는 "이 교회를 아무개 왕이 세웠노라"라는 기념의 글을 써서 교회의 벽에 붙이려 하였다. 그래서 교회 건물을 스스로 설계하고, 비용을 혼자서 부담하였다.

그리하여 웅장하고 멋진 교회 건물이 세워졌다. 교회 정문 앞의 대리석에 왕의 이름이 크게 새겨졌다. 교회 건물을 다 지은 것을 기념하는 준공식을 성대하게 거행한 왕은 그날 밤 교회 안에서 잤다. 그런데 이상한 꿈을 꾸었다. 꿈속에서, 천사가 내려와서 대리석에 파놓은 자기 이름을 지우고 알지 못하는 이름을 새기는 것이었다. 아침에 일어난 왕은 화를 내면서 하루를 보내었다.

"참 별난 꿈이군!"

그날 왕은 궁궐에서 잠을 잤지만 이상하게도 전날 밤과 똑같은 꿈을 꾸었다. 왕은 자다 말고 벌떡 일어나 앉았다.

"웬일이지? 똑같은 꿈을 연이틀 동안이나 꾸다니…."

왕은 꿈의 내용을 잊어버리려고 열심히 나라 일을 돌보았다. 고단한 몸으로 밤에 잠을 잤다. 한동안 곤하게 자는데 또다시 같은 꿈을 꾸었다. 왕은 꿈속에서 천사가 새기는 이름을 똑똑히 보았다.

날이 밝자 왕은 정무를 시작하기 전에 궁궐 안의 사람들에게 물었다.

"여봐라! 내가 이상한 꿈을 사흘씩이나 꾸었는데 이것은 필시 징조가 있는 것이니라. 내 꿈에 본 이름을 대줄 터이니 누구인지 알아보라!"

그러나 궁궐 안의 사람들은 저마다 모른다고 하였다. 왕은 사람들을 궁 밖으로 보내서 누구인가 알아오게 하였다.

해 질 녘 즈음해서 사람들이 돌아왔다.

"왕이시여! 그 사람을 찾아 여기 데려왔나이다."

왕은 밖으로 나가 보았다. 신하가 아주 나이 많은 과부를 데리고 서 있었다.

"그대는 내가 교회당을 세울 때 무엇을 했는고? 바른대로 고하라!"

왕의 차디찬 불호령에 과부는 그만 무릎을 꿇고 머리를 숙였다. 과부는 벌벌 떨면서 말하였다.

"은혜로우신 임금님, 제가 바칠 것이 무엇이 있어서 바쳤겠습니까? 아무것도 없습니다. 다만 돌과 나무를 실어 나르는 말에게 짚 한 단을 썰어서 먹인 일밖에 없습니다."

왕은 그제서야 꿈의 내용을 이해할 수 있었다. 그는 자신이 부끄러워졌다. 자기는 자기 이름을 남기려고 교회당을 세웠는데 과부는 교회당을 짓기 위하여 일하는 말에게 짚을 먹였으니 하나님 보시기에 과부가 옳았던 것이다. 왕은 과부에게 풍부한 양식을 주었으며, 다시는 자기의 명예심을 생각하는 일을 하지 않기로 다짐하였다.

미국의 인권 운동을 위해서 싸우다 암살당한 마틴 루터 킹 목사는 교회의 예언자적 사명에 대하여 이렇게 말하였다.

"교회는 국가의 주인도 종도 아니며 오히려 그 양심적인 것을 간직하지 않으면 안 됩니다. 교회는 국가의 안내자요 비판자이지 결코 그 도구가 되어서는 안 됩니다. 만일 교회가 그 예언자적 사명을 회복하지 않으면 도덕적, 영적 권위를 상실한 한갓 사교 클럽에 지나지 않을 것입니다.

그러나 만일 교회가 빈사의 상태라고도 할 수 있는 현상의 속박에서부터 스스로를 해방하여 자신의 위대한 영웅적 사명을 발견하여 두려워하지 않고 담대하게 정의와 평화를 위해 발언하고 행동한다면 그는 인류의 상상력에 불을 지르고 사람들의 영혼을 자극하여 진리와 정의와 평화에 대하여 불타는 사랑을 불어 넣을 수 있을 것입니다."

옛날의 성도들은 이 예언자적 사명을 다하였다. 그러므로 그들에게 권위가 있었다.

미국 남북전쟁 때 북군에 가담하여 전공을 세운 후 육군 소장이 되고 1880년에 미국에 제20대 대통령이 된 가필드 장군은 취임 후 백악관에서 그의 목사에게 말하기를 "교회와의 관계에 있어서는 나는 평범하고 단순한 제임스·에이·가필드에 지나지 않습니다"라고 하였다. 교회의 머리는 예수요, 부르심을 입은 모든 사람은 다 형제이기 때문이다.

독일 나치스당의 거두요 히틀러의 심복으로 독일의 대원수였던 괴링은 제2차 세계 대전의 전쟁 범죄자로 사형을 받게 되었다. 그날이 가까워 올 때에 괴링의 아내는 그를 찾아 감옥에 갔는데 괴링은 성경을 읽고 있었다. 이런 말 저런 말 끝에 괴링은 최후로 그 아내에게 부탁하기를 "어린 딸을 교회에 보내도록 하라"라고 하였다. 그는 본래 교회를 핍박하는 자였으나 역경에 처하게 되고 또 아버지 없는 자식을 선도하며 틀림없이 사랑해 줄 이가 누구인가를 생각할 때 교회라고 스스로 마음에 대답하지 않을 수 없었고, 따라서 교회에 보내라고 권하지 않을 수 없었던 것이다. 자녀의 보낼 곳은 그 어디보다도 먼저 교회이다.

기독교의 처음에는 큰 성전도 회당도 없었다. 여기저기 개인 가정에서 집회를 열고, 예배를 드렸던 것이다. 예수님의 제자 바울의 편지를 보면 〈빌레몬의 집 교회〉라든가 〈브리스길라의 집 교회〉라고 말한 〈집의 교회〉라는 문구가 자주 눈에 뜨인다. 1세기에 있어서의 기독교는 건축이나 예술적 기교의 힘이 아니라, 그리스도인들의 『서로 도움』의 위력, 『서로 사랑』에 의해 이룩되고 퍼져갔던 것이다. 그러므로 오늘날의 교회도 먼저 외관보다도 사랑으로 이룩되어 있어야 하는 것이다.

프랑스의 유명한 작가로서 한때 신앙을 버렸다가, 다시 독실한 신앙인이 되어 당대의 반(反) 그리스도교적 사상과 맹렬히 싸운 바 있는 불로아(블롸 Bloy, Leon Marie 1846. 7.11─1917. 11.3)는 1870년에 자기 고향 뻬리귀에 있는 신부에게 보낸 편지에 다음과 같은 글을 써보낸 일이 있었다. "진실로 교회가 승리하는 것은 그가 고난을 당하고 있을 때이다. 고난이란 교회가 물려받는 재산이며 그의 변치 않는 영역이며 그의 귀중한 보물(寶物)인 것이다"라고.

실로 교회는 핍박에서 오히려 순화되고, 잘 자라 왔다는 것을 잊어서는 안 된다.

위대한 영국의 시인 밀턴은 이런 말을 하였다.
"황제가 목사들에게 찬란한 법의를 입히고 최고의 영예와 생활 보장을 부여하며, 교회의 의자를 귀금속으로 꾸며 주었을 때, 하늘로부터 한 소리 들려와 이르기를, 오늘 교회는 독소의 침입을 받아, 그 영적 기능이 마비되기 시작하였다고 일러 주었다."

교회는 고관이나 권력자를 가지고 있음을 자랑할 것이 없는 것이다. 이는 자칫하면, 교회의 영적 기능을 잃게 되고, 부패케 할 위험성이 있기 때문이다.

망망한 바다 한가운데서 배 한 척이 침몰하게 되었습니다.
모두들 구명보트에 옮겨 탔지만 한 사람이 보이지 않았습니다.
절박한 표정으로 안절부절 못하던 성난 무리 앞에 급히 달려 나온 그 선원이
꼭 쥐고 있던 손바닥을 펴 보이며 말했습니다.
"모두들 나침반을 잊고 나왔기에… "
분명, 나침반이 없었다면 그들은 끝없이 바다 위를 표류할 수 밖에 없을 것입니다.

우리는 삶의 바다를 항해하는 모든 이들을 위하여
그 나침반의 역할을 하고 싶습니다.
우리를 구원하신 위대한 주 예수 그리스도를 널리 전하고 싶습니다.

"하나님은 모든 사람이 구원을 받으며
진리를 아는 데에 이르기를 원하시느니라"
(디모데전서 2장 4절)

힘을 다하여 **주님께 봉사하라**
김장환 목사와 함께 / 주제별 설교 • 성경공부 • 예화 자료

발행처 | 나침반출판사
발행인 | 김용호

개정판 | 2021년 7월 15일

등   록 | 1980년 3월 18일 / 제 2-32호
본   사 | 07547 서울특별시 강서구 양천로 583
           블루나인 비즈니스센터 B동 1607호
전   화 | 본사 (02) 2279-6321 / 영업부 (031) 932-3205
팩   스 | 본사 (02) 2275-6003 / 영업부 (031) 932-3207
홈   피 | www.nabook.net
이   멜 | nabook365@hanmail.net

ISBN 978-89-318-1617-4
책번호 마-1203

※이 책은 김장환 목사님의 설교 자료와
여러 자료를 정리 편집해 만들었습니다.

값은 뒤표지에 있습니다.